「事務ミス」をナメるな！

中田亨

光文社新書

まえがき

「ヒューマンエラーの研究者」という看板を掲げていると、実に様々な業種の方々から「わが社のエラーやミスを何とかして欲しい」という相談を受けます。

当初は、製造業や建設業、コンピューターなどの工業系の業界からの相談が多いだろうと予想していましたが、そうではありませんでした。実際にご相談にいらしたのは、いわゆる文系の会社で、金融、病院、放送、広告代理店など多岐にわたっています。そうした会社でも事務ミスが経営上の大きな問題となり、本腰を入れて解決しようという機運が高まっているようです。

現代の日本の社会にとって、事務ミスは大問題です。もちろん、工業でのヒューマンエラーは、人命に関わる事故にもつながり得ますから、問題としてずっと深刻なのは当たり前なのですが、事務ミスもあなどれません。

そもそも工業系の会社は、事故防止の努力を長年つづけていて、ミス防止の知識と経験を積んでいます。

これに比べれば、文系の会社の方はミスへの免疫が弱いようです。仕事からミスを取り除くテクニックや、体制作りの方法論が、本書のテーマです。工業界が培《つちか》ってきたミス防止のための知見はその土台となるでしょう。

しかし、純事務的なミスの防止に関して、工業界の知見だけで足りるとも限りません。また、製造会社でも事務ミスがやはりあるのです。無形物である「情報」を取り扱うという事務の特徴を考慮した、新しいミス防止の方法論を築いていかなければいけません。

本書では、実際の事務ミスの事例を引用しつつ、事務ミスとは何か、それはどうすれば防げるかを考えていきたいと思います。

目次

第10章　氾濫する「ダメ書式レイアウト」——書式を改良して事務ミスを防ぐ

I　理論篇　なぜ人はミスをし続けるのか？

――「うっかり」が通用しない時代

第1章　人は「有能」だからこそ間違える

ミスは知恵の副作用？

ことわざに、「間違えるのは人間の常」とあります。

しかし、ミスについて考えるとき、このことわざはあまり適切なものとは言えません。なぜなら、このことわざには、「人間は誰でも完璧ではなく、難しい仕事に対しては力不足であることもありえるから、どうしても間違いを犯してしまうものだ」というニュアンスが含まれるからです。

実際には、それとは逆で、「**人間の知恵が働きすぎたため、その副作用で間違えた**」というべき事例が、多く見受けられます。

人間は、この複雑な世の中を生き抜くために、高度な知的能力を持っています。見聞きする情報が、不確かで、かつ不十分であっても、それなりに考えて対処できるように、人間にはいろいろな能力が備わっているのです。そして皮肉にも、その能力ゆえに、ミスが生まれることもあります。

ミスを招く「能力」①——情報に乱れや誤りがあっても即座に取り除ける

私たちが普段、目や耳から見聞きして得る情報は、かなり乱れており、誤りも含まれています。そのままでは使い物にならない情報です。

しかし、人間は、そうした情報の乱れや誤りを気にせずに、平然と仕事ができます。

みれだや　あまやりを　じうどてきに　とのりぞける。

この文は単語の先頭と末尾以外の文字の順番を乱したものですが、乱れを気にせず、すんなりと読めてしまいます。むしろ書いてある通りに読むことの方が難しいのです。**人間の頭は、意思とは関係なく、強制的かつ即時的に、情報の乱れを除去してしまう**ことがわかります。

この能力が働きすぎると、「細かい異常には気付けない」という副作用をもたらします。乱れた文でも、間違いを除去したり補足したりして読めてしまうがゆえに、文章の誤字脱字を発見できなくなってしまうのです。

多くの人がオレオレ詐欺に引っかかる理由も、ここにあります。音質の悪い電話での会話では、我々は、相手の声色が不自然であっても、相手の通常の声色に無意識的に補正して聞き取ります。それゆえ、全くの赤の他人なのに、自分の親族の声と誤認してしまうのです。

ミスを招く「能力」②――不十分な情報だけで短時間で決断できる

我々は普段、「なんとなくそう思う」という理由だけで多くの決断をしています。「勘」でものごとを選択しているのです。

【例題】

友人が部屋の中に青いカバンを置き忘れたとします。あなたがその部屋へ行って、青いカバンを見つけたら、忘れ物として友人のところへ持って行くことでしょう。

これは正しいのでしょうか？

論理学的に慎重に考えてみると、「友人の忘れ物は青いカバン」ですが、「青いカバンならば友人の忘れ物」とは限らないのです。「AならばB」が正しいからと言って、その逆論理である「BならばA」も常に正しいというわけではありません。「ある花にカビ取り剤をかけたら枯れた。だからその花はカビだったに違いない」という考えが間違いなのと、同じ理屈です。

しかし、このパターンの誤謬《ごびゅう》に、我々は意外と気付きにくいのです。このような間違いは、誰でも日常的にやってしまっています。

我々の頭脳が、進化の末に現在あるように出来上がったということは、「こうした誤謬の癖があることが、生活する上で実は有利である」ということを示しています。

生活の中で遭遇する選択の全てを、熟考して決めるわけにはいきません。手元にある、ありあわせの断片的な情報だけで、とりあえずは決断し実行しなければ、厳しい生存競争を勝ち抜いていけないのです。

十分な情報が得られるまで行動を起こさない、という態度は、論理学的なミスをしないという点では良いですが、何も決断できないままに飢え死にするリスクが大きすぎます。獲物らしき物体を見かけたらすぐに突進するべきで、もたもたしていたら他人に横取りされてしまうのです。

「勘」は、論理学的には不十分な思考ですが、実用上は役に立ちます。「勘」とは、長年の経験によって磨かれて、ベストな選択をするようにチューニングされた推論能力なのです。

先ほどの、「青いカバンがその部屋に放置されていたら、それは友人の忘れ物である」という、「勘」による推量は、我々の生活の中では、おそらくほとんどの場合で当たっていると思われます。

しかし「勘」は欠陥が多いものです。それゆえ、「勘」に頼ってばかりの我々は、しばしば間違った論理に惑わされます。

> 【例題】
> 群馬県の県庁所在地は、「タカサキ」でしょうか「タカザキ」でしょうか?

「タカサキのだるま市」や、「JRタカサキ線」という言葉を聞いたことがある人なら、「タカザキ」が間違いであることに気付きます。よって消去法で「タカサキ」が正解と推量されるわけです。

消去法は素早い決断のためには非常に有力な手段ですが、我々はそれを過剰に使ってしまいます。**明らかに間違った選択肢を排除すると、残った選択肢がさらに良く見えるという錯覚をする**のです。

単に「群馬県の県庁所在地はタカサキですか？」とだけ尋ねられれば、もっと慎重に考えたことでしょう。実は、正解は「前橋」なのです。

ミスを招く「能力」③――繰り返せば上達する

人間は、繰り返し練習することで、難しい作業であっても巧みに素早くできるようになります。しかし、この能力が仇《あだ》となって、ミスにつながることもあります。

毎日変化のない仕事を大量にこなしていると、「次の仕事もいつものパターンと同じだろう」と思い込むようになります。

普段は歩行者がほとんど無い横断歩道では、自動車のドライバーはあまり注意せずに通過します。歩行者は現れないと思い込んでいるからです。それゆえ、まれに歩行者が現れると轢《ひ》いてしまうのです。一見安全と思える場所でも事故が起こるのは、このためです。

あやまちは安き所になりて、必ずつかまつる事に候。（徒然草「高名の木登り」）

思い込みによるミスは、深刻な結果を引き起こすことがあります。**一旦こうに違いないと思い込んでしまうと、その後に着手する作業が、なまじ練習効果があるために、素早く徹底的に実行されてしまう**からです。

間違いは無いと思い込んだまま、患者の取り違えに気付かず、心臓や肺を手術したという医療ミスの事例があります。このような事例のいずれの場合でも、途中で気付かれることなく、手術自体は完遂されてしまいました。慣れている医師だからこそ仕事が速く、ミスに気付く前に手術が終わってしまうのです。

つまり玄人《くろうと》の方が危ないのです。むしろ経験が浅い方が、慎重になって時間がかかるので、完了する前にミスに気付けるチャンスが多いと言えます。

適応型のミスを見分ける方法

思い込みは、それまでの仕事に慣れすぎたために起こり、しばしばミスの原因となります。既存の環境に適応しすぎてしまったがゆえに起こる問題と言えます。

過剰適応によるミスを鎮圧するには、訓練を重ねても逆効果であり、一旦慣れたことをリセットして、初心に帰ることが必要です。そのためには、「過剰適応によるミス」と「普通のミス」とを見分けねばなりません。

そこで目を付けるべきは、発生の「系統性」です。発生の仕方に規則性があることを系統性と言います。

建物で案内板が不足していると、顧客は迷った末にそれぞれバラバラの窓口にやってきます。これが「ランダムなミス」です。案内板に誤植があると、顧客は整然と列をなして、しかし間違った窓口にやってきます。こちらが「系統的なミス」です。ミスが系統的ならば、それを引き起こす特定の元凶があるはずだと推定できます。

仕事に過剰に適応することも、系統的ミスの元凶になりえます。

年金の記録ミス問題を取材した『ＮＨＫスペシャル』によると、ある地域では年金番号の上４桁が「３１０１」であるべきところを、「３１００」と入力していたというミスのパターンが目立って多かったそうです。

昔はデータ件数が少なかったので、その地区の全てのデータが３１００番台に収まっていました。それゆえ、決まり切った「３１００」をいちいち入力することは面倒くさいので、何もせずとも入力されるように機械の設定を固定したらしいのです。

そのうちデータ件数が増え、ついに「３１０１」番台も使うようになったのですが、機械の設定は、「３１００」に固定したまま放置されていた、というのが、ミスのメカニズムということです。

このように、桁は多いが変化の少ない番号データは、雑に扱われるのが世の常です。その点は、コンピューター二〇〇〇年問題も同病です。年数データは下2桁だけで大丈夫、とたかをくくっていると、それが通用しなくなる年貢の納め時がやってきたときに、大変な事態になります。

恐ろしいことに、コンピューターのこの種の問題は「二〇三八年問題」（一九七〇年年頭をスタートとしてカウントしてきた秒のデータが桁を使い果たし、多くのコンピューターが誤作動する問題）などをはじめとして、まだ多く残存しています。

このような例を見ると、**作業に熟練することや、仕事に過剰に適合するように道具を改造**

することは、必ずしも良いことずくめでは無いと言えます。環境に適合しすぎた生物は、あっけなく絶滅するものです。いつでも環境の変化に対応し、変革できる身軽さを維持した者だけが、長く生き延びるのです。

事務を取り巻く環境は、コンピューターや通信ネットワークの発達にしたがって、急速に変わり続けています。また、事務の担い手も、団塊の世代の集団退職や正社員の減少によって、パートタイマーやアウトソーシングへ移りました。商品やサービスのラインナップも、多品種少量化に拍車がかかっています。

こうした状況変化についていけるように、事務体制を変革しつづけなければならないという大きな負担が企業にのしかかっています。

ミス対策をどうとらえるべきか

このように考えてみると、ミスに対する考え方を修正すべきだとわかります。

①「能力が無いからミスをする」ではなく、「むしろ能力の副作用でミスをする」へ

②「ミスの大半は素人がしでかす」から「玄人のミスも警戒すべき」へ

ミスの原因を、作業者個人の能力不足に求めることは、あまり適切ではないのです。「まさか、あの熟練者がミスするとは」という事態も多く起こっていることを、軽視すべきではありません。

作業者個人の能力の優劣ばかりに目を奪われずに、職場の体制を改革することでミスの鎮圧を目指すことが、企業のミス対策のあるべき姿と言えます。

第2章　間違えのメカニズム追究はきりがない

人間の間違え方の奇怪

人間はどのようなメカニズムで間違いを犯すのでしょうか。

この問いは、古くから哲学や心理学上の問題でありつづけていますが、いまだに明確な答えは出ていません。どのケースに対しても通用する統一的理論、というものがないからです。

人間はいろいろなパターンで間違いを犯しますが、パターン同士の間にはあまり共通性が無いように思えます。個別的なミスのパターンが寄り集まって、全体としてはモザイク的で複雑なメカニズムを形成しているのが人間の脳なのです。

代表的なミスのパターンをいくつか紹介しましょう。それらの統一感の無さを感じてください。

その① 〈アリストテレスの「間違いの2つの原因」説〉

アリストテレスは、人間が自らの意志に反する行いをしてしまう理由として2つの説を挙げています。

第一の説は、**相反する事柄が同一の知識に収容されている**ことが原因であるといいます。

「乱」という文字は、「みだれる」という意味の他に、「乱れを治める」という全く逆の意味も併せ持っていました。漢字が正反対の意味を持つことを「反訓《はんくん》」と言います。

言われてみれば、「紊（ただす）」と「乱」の字は似ています。元々は「ただす」の意味で使っていたら、動作の対象である「みだれ」の方に意味がだんだんと転じてしまったようです。

反訓は多くの言語で見受けられる現象です。

英語の〝with〟は現在では「○○をともなって」という意味だけですが、元々は逆の意味も有していて、その名残が〝withhold〟「与えずにおく」という単語に見て取れます。反訓はありふれた現象なのです。

スリーマイル島原子力発電所の事故でも、意味の逆転が出現し、事故の誘発要因の一つになりました。

原発には多数の弁があります。制御室の表示板では、これらの弁の開閉状況を、赤と緑のランプで表示していました。弁が開いているなら赤ランプ、閉じているなら緑ランプです。開きっぱなしの弁は危ないから赤で表すという発想です。しかし皮肉にもあの事故の際は、ある弁が閉まっていることが問題であり、緑ランプの弁が実は危険だったという反訓が生じたのです。

ある会社の事務案件管理システムでは、一度承認した事項を取り消すには、「承認モード」を選び、「承認画面」を表示させ、そこの「承認ボタン」を押して、「最終確認画面」に入ります。そこでようやく現れる「取消ボタン」を押さないと取り消せないのです。こんなに「反訓」だらけのシステムはあまりに粗悪ですが、世の中には結構存在します。

アリストテレスの第二の説は、**理性は多くの事柄を対象にできるが、欲求は一つの事柄しか取り扱えない**ことが原因である、というものです。あわてている人は間違えやすいものですが、それは強すぎる欲求が理性に勝ってしまい、一つの事しか目に入らなくなって短絡的な行動に走ってしまうからです。

最近の建物のドアは、ほとんどが外開きに作られています。これは、火災の際に人間がパニック状態になり、思慮深い行動ができなくなることを見越して、そうしてあるのです。火災では人間は、「外に出たい」の一心になり、たとえ内開きのドアであっても、無理に外に押して開けようとするのです。少し冷静になれれば「押してダメなら引いてみな」と考えられるのですが、そうした理性は欲求の前に吹き飛んでしまうのです。

その②〈マイアーとバークの馬取引問題〉

【問題1】
Q：ある人が、60ドルで買った馬を70ドルで売った。その後、その馬を80ドルで買い戻したが、結局90ドルで売った。この一連の取引で得た利益は何ドルですか？
A：最初の転売で差額の10ドルを儲け、買い戻しの際には10ドル損し、最後の売却で10ドル儲けました。だからトータルでは10ドル儲けたことになります。（本当か？・）

【問題2】
Q：ある人が、60ドルで買ったラジオを70ドルで売った。次に、80ドルで買ったテレビを90ドルで売った。この一連の取引で得た利益は何ドルですか？
A：10ドルの儲けが2回あったから、通算して20ドルの儲けです。

さて、この二つの問題は、見かけが違うだけで損益の構造は全く同じです。それゆえ答えは一致するはずですが、そうはならなかったようです。どちらが間違いかお分かりですか？正解は、「どちらの場合でも儲けは20ドル」です。納得のいかない方は、馬のぬいぐるみと小銭を使って、取引のまねごとをしてみて、実際にそうなることを確かめてみて下さい。人間は、お金のやりとりを正しく把握することが苦手であるようです。落語の『壺算』という噺《はなし》は、この種のミスを題材にしています。

その③〈シンプソンのパラドックス〉

ある商品の販売動向を分析したところ、次のようになった。

東部地区の売り上げは10％減少した。
西部地区の売り上げも10％減少した。
南部地区の売り上げも10％減少した。
北部地区の売り上げは10％増加した。

これらを平均してみるに、全体の売り上げは５％減少していると思われる。しかし実際は、全体の売り上げは増加していた。なぜだろうか？

細分化したカテゴリーの中での割合データは、誤解を招きやすいものです。

この商品の場合、北部地区の購買者数が圧倒的に多く、その他の地区で売れ行きが落ち込んでいても、補って余りあったのです。

誤解を防ぐためには、割合やパーセントではなく、実数も添えて語るべきなのです。「東部地区の売り上げは１００万円減少し、これは10％減である」と言えばいいのです。

資料2-1　ウェイソンの四枚カード問題の出題図

その④〈ウェイソンの四枚のカード問題〉

【問題1】

Q：この工場では、表面に数字、裏面にアルファベットが書かれているカードを製造しています。このカードを作る際に、「裏面に母音のアルファベット（A、I、U、E、O）が書かれているならば、表面の数字は偶数でなければならない」というルールを守らないといけません。

今、資料2－1のような4枚のカードがあなたの目の前に置かれているとします。ルールが守られていることを確認するには、どのカードを拾い上げて検査すればよいですか？

A：まず、母音のEが書かれたカードを拾い上げ、

資料2-2　未成年者の飲酒取り締まり問題の出題図

その裏の数字がルール通りに偶数であるかを確認します。次に、偶数4が書かれたカードを拾い上げ、その裏の文字がルール通りに母音であるかを確認すれば十分です。(本当か？)

【問題2】

Q：未成年者の飲酒は法律で禁止されています。

今、あなたの目の前に、資料2－2のように、素面《しらふ》の人、酔っている人、15才の人、60才の人の4人がやってきたとします。法律が守られているか調べるには、誰を調べればよいですか？

A：まず酔っている人の年齢を検査し、次に15才の未成年者が酔っていないかを検査すれば十分です。

実はこの二つの問題の論理構造は全く同じです。違う点は、問題に出てくる言葉が抽象的か、あるいは具体的かということだけです。

資料２－１と資料２－２は、選択肢の並び順も同じになるように作ってあります。ですから、図中で、左から何番目のものを調べるべきかは、一致するはずです。

ところが、資料２－１の回答では左から1番目と3番目のものを選び、資料２－２の回答では左から2番目と3番目ものを選んだので、食い違っています。

前者の問題の回答が間違いなのです。4が書いてあるカードは、裏の文字が何であろうとルール違反になりませんから、検査しなくてよかったのです。ここでは7が書いてあるカードの裏が母音だとルール違反になるので、こちらを検査すべきでした。「逆は必ずしも真ならず」型の引っかけ問題です。

人間は、具体的な問題では間違えにくいのに、抽象的な質問のされ方をすると、いとも簡単に論理の間違いを犯すことが分かります。

その⑤〈連言錯誤〉

【問題】
次のうち、最も可能性の高いケースはどれでしょうか？
Ａ：容疑者Ｘは、生活費に困っていたため、空き巣に入った。
Ｂ：容疑者Ｘは、生活費に困っていた。
Ｃ：容疑者Ｘは、空き巣に入った。

Ａは、原因と結果の両方を言っていますから、最もありがちであると感じ、すんなりと納得できます。それに比べて、ＢやＣは内容が中途半端であり、納得感が弱いのです。よって、最も可能性の高いケースはＡであると思いたくなります。

しかし、論理学的には、Ａは一番可能性が低いのです。というのも、ＡはＢとＣの両方が同時に成立しなければならないため、Ａが成立する確率はそれだけ下がります。「容疑者Ｘは、生活費には困っていなかったが、空き巣に入った」や「容疑者Ｘは、生活費には困っていたが、空き巣に入っていない」という、ＢやＣが成立していてもＡが成立していないというケースを差し引かないといけません。

連言とは「かつ」のことです。Ａの正体は「ＢかつＣ」であり、連言で成り立っているものです。**連言は可能性を下げるはずなのに、原因と結果が示唆するストーリーが妙に説得力を持ち、可能性が高く見えてしまう**ことを「連言錯誤」といいます。

冤罪《えんざい》事件が起きるのも、連言錯誤が一役買っています。裁判では、容疑者の境遇も判断の参考にされますが、それは「こんなに困窮した人間なら、盗みを犯しかねない」と早合点を誘う副作用もあるのです。

慎重な裁判のためには、犯人の境遇などの周辺的な情報は、妙な先入観を与えないように、むしろ排除するべきなのです。

その⑥〈モンティ・ホール問題〉

【問題１】

Ｑ：３本のくじがあります。１本は当たりで、残りの２本はハズレです。あなたは、その中から１本を選んだとします。当然ながら、あなたが選ばなかった２本のうち少なくとも1つはハズレに決まっています。全てのくじの当落を発表する前の段階で、くじの主催者はそのハズレくじを取り除きます。そして、あなたが最初に選んだくじと、取り除かれなかったくじとを交換してもよいと申し出てきました。これは取り替えるべきでしょうか？

A：当たる確率はどの棒でも平等で3分の1です。だから取り替えても当たり確率は変わらないのです。(本当か？)

【問題2】

Q：百本のくじ棒があります。1本が当たりで、残りの99本ははずれです。先ほどと同じく、あなたが最初に選ばなかった99本の中から、ハズレの98本を主催者が取り除いてくれます。この選別に残った1本と、あなたが最初に選んだ1本とでは、どちらが当たる確率が高いでしょうか？

A：最初にあなたが選んだくじの当選確率は1％にすぎません。しかし、厳しい選別に残ったくじの方が当たり確率が高いことでしょう。よって選別を経たくじに取り替える方が有利です。

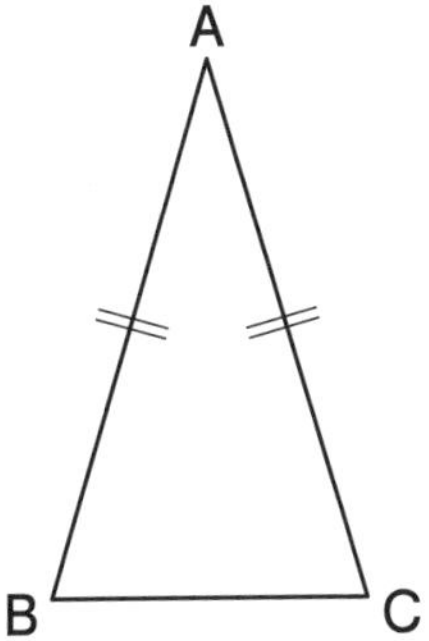

$\triangle ABC \equiv \triangle ACB$

$\therefore \angle B = \angle C$

資料2-3 二等辺三角形の等角についての証明？

つまり、3本のくじの場合でも取り替えた方が実は有利だったのです。ですから【問題1】の正解は本当は、「取り替えたほうが、当たる確率が3分の2になるので、高い」でした。

と、いわれても、最初からこの正解に気付く人はほとんどいません。

その⑦〈パップスの短すぎる証明〉

二等辺三角形の底辺の二角は角度が等しいです。小学校の授業ではこれを証明するために、二等辺三角形を真ん中で一刀両断する補助線を引いて説明するのが普通です。

次の証明方法は変わり種で、補助線を引かずに証明を済ませようというものです。果たしてこれは正しいのでしょうか？

①△ＡＢＣは辺ＡＢと辺ＡＣの長さが等しい二等辺三角形であるとする。
さて、△ＡＢＣと△ＡＣＢという二つの三角形を見比べると、
②辺ＡＢと辺ＡＣは、①で言ったとおり、長さが等しい。
③辺ＡＣと辺ＡＢは、①で言ったとおり、長さが等しい。
④辺ＢＣと辺ＣＢは、同一物だから、長さが等しい。
ここで、②、③、④をまとめると、△ＡＢＣと△ＡＣＢは対応する辺同士の長さがいずれも等しく、ゆえに合同である。合同だから対応している頂点の角度は等しい。
したがって、対応関係にある頂点Ｂと頂点Ｃとの角度は等しい。よって二等辺三角形△ＡＢＣの二つの頂点の角度は等しい。

パップスという古代の数学者がこのシンプルな証明を見つけました。こんなに簡明ならば、もっと普及してもいいはずなのですが、ほとんど知られていません。この証明は正しいのですが、当たり前の文句をくどくど繰り返しているので、正しいという感じがしないのです。

証明では、難しさが正しさの証として認められることの方が多いのです。

一三四八年にヨーロッパでペストが大流行しました。その原因を尋ねられた当時のパリ大学医学部は、土星と火星と木星が水瓶座《みずがめ》で一堂に会したことが原因であると回答しました。天体が原因とは大げさですが、大がかりな嘘の方が信じさせやすいものです。

現代でも同じで、怪しげな健康器具の広告には、いかにも難しそうな理系の専門用語をこけおどしで並べたものが見受けられます。

その⑧〈本音の発動によるミス〉

フロイトは、間違いを心理の内奥《ないおう》を知る手がかりとして非常に重視していました。

某国の国会の開会式で、議長が「それでは閉会いたします」と言い間違える事件がありました。その国会は運営の難航が予想されていたので、**議長の「早く終わればいいのに」という本音がミスとして表れた**、というわけです。

この種のミスは、複数の思惑の衝突の結果だとフロイトは考えました。場面にふさわしい発言をするべきという業務上の意図と、個人的な本音とがぶつかり、間違いに至ったのです。

この考えは、欲求は多くの事項を同時に処理できないので、ミスにつながる、というアリストテレスの仮説に似ています。

余計なことを考えながら仕事をするとこうしたミスが起こります。

そこで、特に慎重を要する作業では、精神の統一を課す場合があります。ある博物館では、展示物を取り扱う時は、沈黙を守るルールになっています。

脳内メカニズムが分からなくても、ミスは減らせる

人間がしでかすミスの全てについて、そのメカニズムを説明することはできるでしょうか。

囲碁や将棋のプロ棋士は、普段は何百手先まで考えることができます。難解な詰め碁や詰め将棋の問題でもすらすらと解けます。

しかし、そのプロ棋士であっても、たまには、〝二歩《にふ》〟のような単純な反則や、わずか数手の読みが効かずに間違えあっけなく負ける〝頓死《とんし》〟を犯すものです。

名人戦のようなハイレベルの対局でも、凡ミスは時々表れますから、棋力が高ければミスから逃れられるというものでは無いようです。全く不可解な現象としか言いようがありません。

フロイトは、ミスを心理学的に意味深い現象と認めつつも、種々雑多なミスをいちいち拾い上げて分析しすぎることは、適切ではないと考えました。ある人が起こした細々としたミスから心理を探り、それらを統合してその人の心の全体像を描き出そうとすることは、こじつけにおちいる恐れがあるからです。

ここに挙げた例の他にも、人間の間違え方には多種多様なパターンがあります。それらをすべて統合して、人間の間違え方の脳内メカニズムを明らかにしたいのですが、どうもうまくいきません。

間違え方のパターンがそれぞれ特殊で個別的過ぎており、全体として共通性が無いのです。フロイトの言うように、それらをつなぎ合わせようとすると、こじつけ的になってしまいます。

したがって本書では、脳内メカニズムの解明についてはとりあえず無視しておくことにします。

人間は不可解です。**脳内メカニズムがよく分からなくても、ミス対策は立てられるし、立てなければならない**、というのが私の考えです。

第3章　そもそも「間違い」とは何か？

それを間違いと呼んだところで……

一般に広く、医師もしばしば用いる、「病気」ということの意味には人間を占領してしまう特別なものであるという昔の考え方の名残《なごり》がある。本当は次のようにいうべきである。すなわち、これはこれこれの見地では不都合な出来事である。……あるものを一般的に病気であるといっても何かがよけいに明らかになるということはない。
(ヤスパース)

ある事象を「間違いである」と呼んだとしても、それによって何か奥深いことが分かるわけではありません。「間違い」や「ミス」「エラー」という言葉は、事象の内容を表していないのです。何かの目的においてはその事象が不都合であるという、表面的な見解を述べたままでなのです。

「塞翁《さいおう》が馬」のことわざの通り、当初は悪いと思われたことが、後になって良いことになる可能性もあります。

ある心臓外科手術で、間違えて一桁多い量のモルヒネを患者に与えるというミスがありました。執刀医は10ミリグラム投与すべきと考えて、「モルヒネを10投与」と言ったところ、それを聞いた助手は「10単位」与えてしまいました。これは１００ミリグラム、つまり10倍の量に当たります。

劇薬であるモルヒネを大量に投与されて、患者の心臓は止まるかと思いきや、意外にも良好な挙動を示しました。これが心臓外科手術のモルヒネ大量投与麻酔の発明につながったのです。「モルヒネは危険だから、必要最小限の量だけ使うこと」という、正誤の基準自体がそもそも間違っていたわけです。

行為が間違いであるか否かは、結果論でしか語れないものなのです。

不安定で不明確な間違いの規準

恐ろしいのは、間違いの判定を自分のあずかり知らぬところで決められることです。

迷惑メールの問題を例に考えてみましょう。

迷惑メールがやってきたら、どうすべきでしょうか。ほとんどのパソコンの指南書には、迷惑メールに返信することは間違いであり、無視して削除するのが正しいと書かれています。なまじ返信するとあなたのメールアドレスは現在使用中のものであると判定され、さらに迷惑メールが送りつけられてくるからです。

しかし、これとは反対の対応が正しい場合があります。

最近の行政機関では、随意契約が問題視されているため、発注にあたっては競争入札をしなければなりません。しかし、参加業者が少なくて競争入札が成り立たないこともありえます。

そこで行政の発注担当者が、業者に対して入札に参加して下さいとメールを送信してきたとします。このメールを受け取った業者はどう対応すべきでしょうか。

メールを無視して返信しないのが良さそうですが、これでは独占禁止法違反の容疑が掛かる可能性があります。返信しないことは黙認の合図として解釈でき、官製談合への協力と見なされる恐れがあるのだそうです。

正しい対応は、誘いを拒絶する旨を返信することだと言われています。自身の潔白を示すために、拒否の意志を明確に示した証拠を即座に作り出すべきというわけです。

このように**正誤の規準とは場合によりけり**なのです。

正解はワンパターンだが、間違いは種々雑多

ウディ・アレンの映画『アニー・ホール』に出てくる小咄《こばなし》で、あるホテルに泊まりに来たご婦人二人の会話というものがあります。

「ここの料理はひどいわね」
「そうよね。量をけちっちゃってね」

二人は料理がダメであることには同意していますが、まずいからダメという意見と、美味しいが量が足りないからダメという真逆の意見に分かれているのです。ダメなものは、相反する理由を包含できるのです。

一般的に、**ものごとの正しいやり方は一つ、あるいはごく少数しかありませんが、間違いの種類は様々ありえます**。正常から逸脱する方が自由であり、バリエーションが生まれやすいからです。

> 幸せな家庭はどれも似ているが、不幸な家庭はそれぞれの形で不幸である。（トルストイ）
> 失敗への道は様々ありえるが、成功への道は一つしかない。（アリストテレス）

それゆえ、正誤の規準を言い表すには、種々雑多の間違いを相手にせず、一つだけの正しいやり方を定義する方が効率的です。工業の世界で、作業手順を一つだけに限定して、それを「正式手順」や「標準化手順」と定めるのは、こうした理由があるからです。

しかし、あえてこれに逆らって、間違いの数多くのパターンを定義するという非効率的な流儀を選ぶ場合もあります。条文を延々と羅列して、全ての犯罪を定義する「刑法」が、その代表例です。

もし「犯罪ではない行為」が一つだけに絞られていて、それに合致しない行為は全て犯罪だとしたら、刑法は正しい行為を記述する1条だけで済ませられるでしょう。しかし、現実には正しい行為は一つに限定できませんから、正当な行為だけを記述する方式は使えません。間違いのパターン全てを漏《も》らさずに定義するという非効率的な方式を使わざるを得ません。

このように、正誤のどちらを定義として記述するかは、マニュアルを作る際に考慮すべきポイントになります。

正しさに幅がある作業では、マニュアルを、間違いの方を定義する刑法風のスタイルで書かねばなりませんが、これは容易ではありません。間違いのパターンを書き尽くすことは不可能だからです。条文に書かれていない事例に対処するには、どうしても読み手の知識や常識に頼らざるを得なくなります。

常識が通用しない機械たち

条文を解釈する常識を全く持ち合わせていない者たちと、我々は常日頃付き合っています。それはコンピューターです。

フィリップ・K・ディックのSF小説『アンドロイドは電気羊の夢を見るか』は、人間そっくりに化けたアンドロイドを探し出して捕獲するというストーリーです。アンドロイドと思しき人物を見つけると、捜査官が次のように尋問します。

「このカバンは官給品なんだ」
「そうですか」
「いい革だろう」
「へえ」
「赤ん坊の革なんだ」

このぞっとする台詞《せりふ》を聞けば、普通の人間はびっくりします。

しかし、アンドロイドにおいては、「カバンの革が人間の赤ん坊の革でできていることは正しくない」という知識がインプットされていない限り、何の反応も起こせません。

コンピューターが常識を備えていたら防げた事故の事例はあとを絶ちません。インターネット上の販売サイトで、高価な商品の値段の桁《けた》を間違えて、ただ同然で販売してしまう事故は、最近でもたまに起こっています。

コンピューターが物価についてもう少し常識を持って、「あなたが設定した値段は変ですよ」と教えてくれてもよさそうなものです。

不便なだけで役に立たない正誤の規準もある

世の中には全く不要と思われる規準も多く存在します。その規準が無ければ、それを間違える余地がそもそも無くなるので、廃止して欲しい規準です。

その最たるものは「名詞の性」でしょう。ドイツ語では、「目」が中性名詞、「鼻」が女性名詞、「首」が男性名詞ですが、その違いが何の役に立つというのでしょうか。

数の数え方も非常に変則的になっている文化圏があります。

フランス語では90のことを、「4つの20、10」と言います。英語においても雅語としては例えば87のことを「4つの20と7」ということがあります（これはゲティスバーグ演説の冒頭であり有名な一節）。テニスでは点を15、30、40と変則的に数えます。

こうした名詞の性別や、変則的な数字の数え方がある言語はかなり多いのです。実用上は無意味で間違いの原因になるだけの規則の存在は、人間の文化ではむしろ通例なのです。

当初は無用な規則でも、何年も使われ続けると慣例として定着し、文化の一部になってしまいます。**無用な区別は、それが「文化」になる前に改正するに越したことはありません。**

日本の電力は地域によって周波数が異なります。わざと違えたのではなく、成り行きで不統一になっただけです。この違いのせいで、東西をまたいで引っ越しする際には、家電製品を改修しなければならない場合もあり、不便です。

また、かつて携帯電話の番号は、電話機が東京にある場合と大阪にある場合とでは異なるので不便でした。これが今も存続していたら、大混乱になっていたことでしょう。

フランス革命は、この種の問題に敏感でした。革命家達は無意味な旧弊は人類にとって害悪であると考えていました。それゆえ、ミスを引き起こす古く不条理な規則を根こそぎ改正したのです。

現在の我々が使っている、世界共通の十進法表記という簡単で便利な度量衡《どりょうこう》体系は、フランス革命が産んだものです。

米国は例外で、いまだにインチやポンドを使っていますが、これは世界的に見れば少数派であり、それゆえ不便かつ危険です。

実際、一九九八年に、ＮＡＳＡの火星探査機が全く作動せず、無駄になったという事故がありました。その原因はフィート・ポンド単位とメートル・キログラム単位の取り違えでした。

不合理な規則を革命的に改正するには、膨大なコストがかかるため、容易ではありません。それゆえ、単に間違いを減らすという理由だけで大改正が決断される例はあまりありません。フランス革命での度量衡改正や、一九二五年に安全第一の見地から日本国鉄が敢行した、危険な旧式連結器を一掃する大突貫作業ぐらいのものです。

実際には**大改正は、状況に追いつめられたすえにようやく実施されることが多い**のです。現代において大改正の引き金となるものは、もっぱら大規模な合併です。銀行の合併でのシステム統合や、沖縄の本土復帰における、道路の右側通行から左側通行への変更などがその例です。

障壁として作られた正誤の規準

実用性の無い不便なだけの正誤の基準を、わざと増やす場合もあります。その目的は、相手を誘導・操縦することにあります。

契約や新規登録は簡単なのに、解約や退会の手続きは複雑かつ不便ということは、世間ではよくあります。解約となるとルールや手順が急に増えて、「エラーです」や「正しくありませんせん」を連発し、顧客が逃げ出せないように妨害するのです。

収入印紙にも同様の事情があります。

領収書などの書類に貼付《ちょうふ》しなければならない印紙税の制度は、もともとはオランダで裁判の乱訴を防ぐために導入されたものでした。裁判を起こすには、一定金額分の印紙を訴状に貼ることにして、安易な提訴を抑えることをねらったのです。

印紙貼付は、現在では単に面倒くさいだけでなく、ミスの多い事務作業の代表例になっています。印紙税法の複雑な税額表を熟読しないと、どの書類が課税対象なのか分かりません。

例えば、通帳タイプの書類は、金額に関係なく一年ごとに課税されます。「営業に関しない受取証」として見なせる場合は無税だったりします。

印紙税は意外と高額ですから、愛社精神あふれる事務員は、「通帳形式にすれば節税できるのではないか」とか、「この受取証を『営業に関しない受取証』と見なして印紙を貼らずにすませられないだろうか?」などと細かいことを熟考したりします。

こうして編み出された節税テクニックは、複雑すぎて一般社員が理解し使いこなせる代物ではありませんが、節税大歓迎ということで、社内の公式規則として採用されたりします。

しかし、印紙税の節約のためだけに、複雑怪奇な処理を長々とやっているようでは、人件費の無駄遣いです。

「顧客にとって正しい」ことが正しい

投資信託では数パーセントの手数料がかかります。投資信託が損失を出した場合でも手数料を払う契約になっていますが、これに納得できない顧客がいます。契約締結時には不満はなかったのに、損をした後になってから苦情を訴えるのです。

「損をしても手数料がかかる」ことは、金融機関としては常識ですが、顧客にとっては非常識で間違いなのです。こうした**顧客との認識のギャップも、広い意味では事務ミスの一種**と言えます。

自分の都合や自社の規準だけで物事の善悪を計れば、それで良いとはいきません。自社としては「正しい」とすべきものであっても、顧客にとっては「間違った」ものであるということが意外と多くあります。

オーダーメードの商品を製造販売する会社では、特に顧客との意思疎通が重要になります。意思疎通が不十分だとミスにつながります。

カフェで、客が豆乳を使ったカフェラテを注文したとしましょう。

これを受けて、特段の配慮もなく普通に作ると危険です。客は牛乳アレルギーだから豆乳で注文したのかもしれないからです。その場合には、容器や調理用具には、微量でも牛乳は付着してはいけません。

さらに危険なのは、品物を取り違えたり、客を間違えて、牛乳のカフェラテを渡してしまうというミスで、これは重大な事故につながります。

とはいえ、客が単に豆乳好きだから注文した可能性もあるわけで、客の真意は尋ねてみない限りは分からないのです。

このように、「その仕事では何が正解であるか」について、顧客と意思疎通することが、ミスを防ぐ上で重要になります。自分の都合だけではなく、顧客の意図と都合にかなって、はじめて、正しい仕事と言えるのです。「お客様は神様です」と言う言葉どおり、正誤の規準の一端はお客様次第であることに注意しましょう。

「ミス」ではなく「不確かさ」と呼ぶのが正しい

実は、物事に対して「ミス」や「誤差」という言葉を使うことは、理論的には適切ではありません。本来なら、代わりに「不確かさ」という概念で物事をとらえるべきなのです。

厳密に言えば、物理学には不確定性原理という法則があり、いかなる場合でも誤差（というより「不確かさ」をゼロにすることは絶対にできません。**事務とて同じで、全ての仕事には、「不完全性」と「不確定性」が（正常な会社ならばごく微量ですが）必ずある**のです。常識的には「ミスをしなければ、1円の誤差もない帳簿を作ることができる」と考えられがちですが、これは正しくないのです。

不完全性は、事象の厳格な定義ができないことに起因します。

事務にも不完全性があります。

例えば、減価償却の真の金額は決めようがありません。耐久財がいくら古びたかを評価することは面倒です。代わりに定率法といった何らかの近似《きんじ》で済ませているだけなのです。「利益は意見」という経済格言があるように、会計には裁量の余地が存在します。国が違えば会計基準も違い、同じ会社であっても決算が赤字になったり黒字になったりします。事務は実世界の現象を抽象化することで成り立っていますが、抽象化には詰めの甘さが残っているものです。

不確定性は、観測行為が観測対象自体に影響を与えてしまうことに起因します。

収入ゼロ、支出ゼロの会社があったとします。何も調査しないなら、決算書は出入りがゼロゼロのものになります。そうはせずに、会計士に決算書作成を外注した場合は、収入はゼロのままですが、支出は会計費用という赤字になります。

このように、観測行為が対象自体を変化させるからには、正確な観測結果は一つしか存在しないというわけにはいきません。

より現実的な例を挙げましょう。高血圧の症状が出ている患者がいるとします。何か特殊な病気のために高血圧になっているかもしれませんから、特殊な検査を試みるという選択も医師にはありえます。

しかし、特殊な検査ばかりを繰り返していては、金と時間を浪費し、症状が悪化してしまうリスクがあります。現実的には、最もありふれた高血圧の病気である本態性高血圧症であると仮定して治療を始め、慎重に経過を見るべきでしょう。

世の中の事象は全て不確実性を帯びていますから、事務の仕事も不確実性を前提として受け入れ、それに対応できるように臨機応変に進めるべきです。あらかじめ決められた手順を機械的に実施するだけのマニュアル人間には実際の仕事はこなせないのです。

不確かさを意識すれば、**事務の各工程が果たすべき任務は、**「**仕事の不確かさを問題の無い範囲内に収めること**」と言えます。

仕事の出だしである顧客からの注文自体に、すでに不確かさがあります。注文とはそもそ

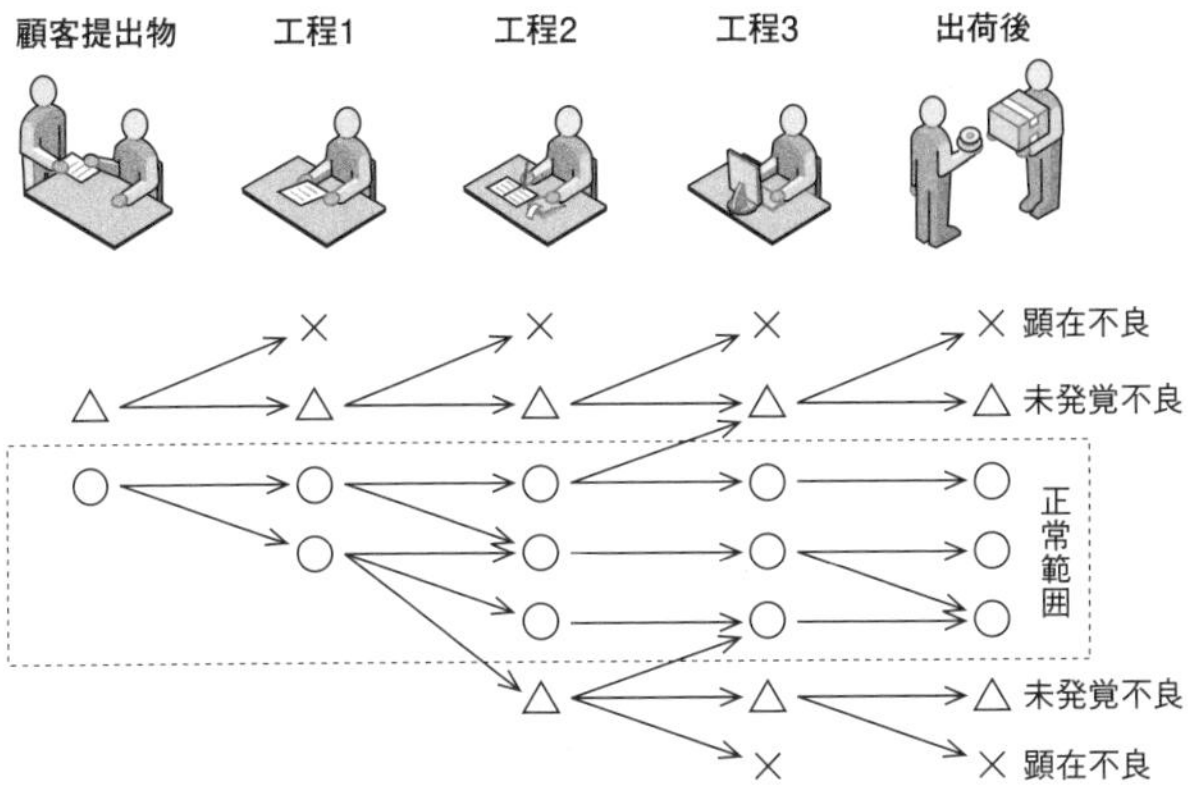

資料3-1 多工程の作業ではだんだん「不確かさ」が広がっていく。誰か一人の責任とは限らない

も、「エコなエアコンを買いたい」という風な大雑把《おおざっぱ》なものです。注文の意向を読み取って、顧客が満足する範囲内のエアコン機種を見つける努力が必要です。

顧客の注文データに間違いが含まれている可能性も軽視できません。

極端な例では、女性客が、生年月日の記入で鯖《さば》を読むことさえあります。しかし、それらを「データの間違い」とは見なさず、「そもそも顧客からのデータにはこれくらいの不確かさがある」と心得ましょう。顧客が正直・正確・丁寧にデータを書くことはむしろ珍しいものです。

そして追い打ちをかけるように、社内の各事務工程でも不確かさが増大していくのです

（資料3－1）。

正常範囲から大きく逸脱すると、ミスとして発覚します。しかし、発覚するならまだ良い方です。なぜなら発覚し次第、修正をかければ済むからです。

本当に怖いのは、「正常ではなく、使い物にならないが、まだそれに気付いていない」という未発覚の不良です。

例えば、看護師が患者を取り違えたのに、だれもそのミスに気付いていないという状態が危険です。そのまま手術に移ってしまうなど、ミスが拡大する可能性があるからです。小さなミスの方が気付きにくく、かえって大きな事故を呼び起こしやすいのです。

気付いた時には手遅れになってしまう潜在的な不良を、自分の工程で検知し、食い止め、事故が起こらないように不確かさを圧縮する人こそが、事務ミスを防げる人と言えます。

第4章　時代が事務ミスを許さない！

事務ミスは「不正の隠れ蓑」になる

事務ミスが多く発生している会社では、その裏で不正も多く発生しているのかもしれません。

ある商品の注文に対し、通常の価格よりも安い値段で販売がなされたとしましょう。この値引き販売の真相として、つぎの三つが考えられます。

A　意図的で正当な値引き……他社との価格競争に勝つため、権限者の指示の下、値引きを行った。

B　意図的で不正な値引き……買い手からの賄賂《わいろ》の見返りとして、権限者の了承を得ずに、勝手に値引きを行った。

C　意図しない値引き……書類を作成中、価格を入力する際に、キーを打ち間違え、安い値段になった。

他社との競争上、値引きすることは当たり前のことですから、たいていの企業の業務システムでは、Aの「正当な値引き」ができるようになっています。コンピューターのほうは、価格が通常とは異なるからといって入力を拒絶しません。それゆえ、Cのような入力ミスによる値引きが起こる余地があります。

Bの不正による値引きは、結果だけを見れば、Cのミスによる意図せぬ値引きと同じです。ですから、不正を行った作業者を問い詰めても、「あれは単に打ち間違えただけです」と言い訳されると、BなのかCなのか白黒がつきません。

この事情につけ込んだ者が、不正な値引きに手を染める恐れがあります。事務ミスの件数が多ければ多いほど、その中に少しだけ不正を混じり込ませても、それが意図的な不正であ

ると は発覚しにくくなります。

企業が内部統制を厳格化する傾向にありますが、**不正を防ぐためにも、事務ミスを減らすことが求められています。**

ここ数年、食品や耐震性能、環境性能などで、偽装事件が相次いでいます。たとえ意図的ではないミスが原因であっても、低級品を高級品として販売してしまったら、偽装会社の烙《らく》印《いん》を押されてしまいます。

悪意の無い事務ミスでも、悪意の無いことの証明は難しく、痛くもない腹を探られることになります。これは企業にとって命取りになりえます。

会社外部には迷惑をかけないものの、社内的には不正な事務操作もしばしばあります。自分のプロジェクトの収支をよく見せかけるために、かかった経費を別の予算で落としてしまうことなどが典型的です。

もし粉飾をとがめられても、「うっかり予算コードを間違えました」の一言で済ませてしまえます。

こうして企業は各プロジェクトの状況を正しく把握できなくなって衰退していきます。中世の荘園が急増した過程がまさにこれで、本来なら国家財政を支えるべき田が、免税の荘園にすり替えられていきました。こうして経済的裏付けを失った律令制は消滅していきました。
事務を支配する者が、財産を支配するのです。

「大は小を兼ねる」時代の終焉

昔は、事務ミスが発生したとしても、顧客に迷惑がかからない事務ミスならば、ひとまずは良しとする、という考え方が通用しました。

しかし、最近はそれが許されなくなる傾向にあります。

前述のような、うっかりミスによる値引きは、結果的には顧客に得をさせているので、対外的な罪はありません。顧客が得する方向へのミスです。それゆえ、軽微な問題として済ませるのが普通でした。

この考えを発展させ、「大は小を兼ねる。ミスが起こりえる業務では、顧客に迷惑がかからないように、あらかじめ余裕をつければよい」という安全策が編み出されました。顧客が8個注文したら、9個納品するという作戦です。万が一、配送の段階で間違いがあって1個足りない状態で納品してしまったとしても、顧客の要求は依然として満たしているので安心です。

昔はたしかに、このような発想でも良かったのですが、最近はこのような考え方は問題とされるようになりました。

例えば、次のようなことがあるからです。

○マンションの鉄筋の本数を多めにし、万が一、建設施工中のミスで若干少なく設置されたとしても、耐震強度上は問題が無いように余裕を付けた。しかし建設後に、設計図通りに作られていないとして耐震偽装マンションではないかと疑われた。
○顧客が注文していないオプションを、サービスで付けたところ、オプションの中に不良品が混じっていて、顧客からクレームが来た。
○「大は小を兼ねる」というが、患者への投薬は多めがいいとは限らない。

つまり、**「顧客に迷惑がかからない方向」が不明確になり、仕事の内容がどの方向にずれても、非難の対象になりえてしまう**からです。現代的な事務マネジメントの目標は、設計図通りに仕事を処理すること、なのです。

「高度信頼性」を売る産業の出現

信頼性とは、計画通りにミスをせずに仕事を実行できる性能のことです。

新しく出現した産業の中には、信頼性が業務の本質になっているものがあります。再生医療はその好例です。患者から細胞を取り出し、それを工場で増殖し、患者の体に植え戻すことで、失われた部分を再生させるという治療が広がりつつあります。

この一連の作業工程の中で、雑菌の混入には極めて厳重に警戒しなければなりません。細胞を増殖しやすい環境では雑菌も増殖しやすいため、雑菌が微量にでも混入すると、たちま

資料4-1　密集する鉄筋の本数を正確に管理するのは大変

ち増殖して汚染されてしまいます。

従来型の医療では、雑菌の排除は、消毒薬や高温などを使えば容易にできました。しかし、再生医療でこのような大雑把な殺菌をすると、患者の細胞まで死んでしまいます。工場の無菌状態を堅持するためには、ピンポイントにきめ細かく計画した消毒と、綿密かつ頻繁な検査が必要になります。**高信頼性の維持のための作業が、仕事の大きな部分を占めているのです。**

一般の事務においても、高信頼性が求められるようになりました。

> ○オンライン・ショップで、間違えて高価な商品を1個1円で売っていないか？
> ○機密情報を含むファイルを、部外者にメールで送っていないか？
> ○個人情報を含むファイルが、行方不明になっていないか？
> ○重要な経営判断の材料になるデータに間違いがないか？

これらのミスが起これば、被害は特に大きくなりますから、発生させてはなりません。

ところが、コンピューターと通信技術の進歩が、ボタンひとつで、「何でも、いくらでも、すぐにできる」状況を生み出しました。これは諸刃《もろは》の剣《つるぎ》であり、間違える時も、ボタンひとつで一瞬のうちに大損害を出せるようになったのです。

事務作業者には、今までと比較にならないほど、高い信頼性が厳しく求められています。

ミスのリスクを引き受けることで、高度なサービスを実現する

事務ミスは起こらないに越したことはありませんが、一方で事務ミスが起こる可能性を意図的に残している場合も多くあります。ミスが起こる余地が無い仕事では、得る物が小さいからです。

事務ミスが起こる可能性をゼロにするには、仕事をワンパターンに絞ってしまえばよいのです。仕事の隅々まで何もかもガチガチに固めて、作業者から裁量権を奪います。商品を一種類のみに限定し、価格も一つのみ、販売個数も一個だけにして商売すれば、数量の計算ミスという事態は起こり得ないでしょう。

これではまるで、戦時下の配給制度みたいなもので、簡単ですが、サービスは劣ったものになります。

気の利いたサービスを提供するには、ワンパターンな注文処理ではいけません。商品ライ

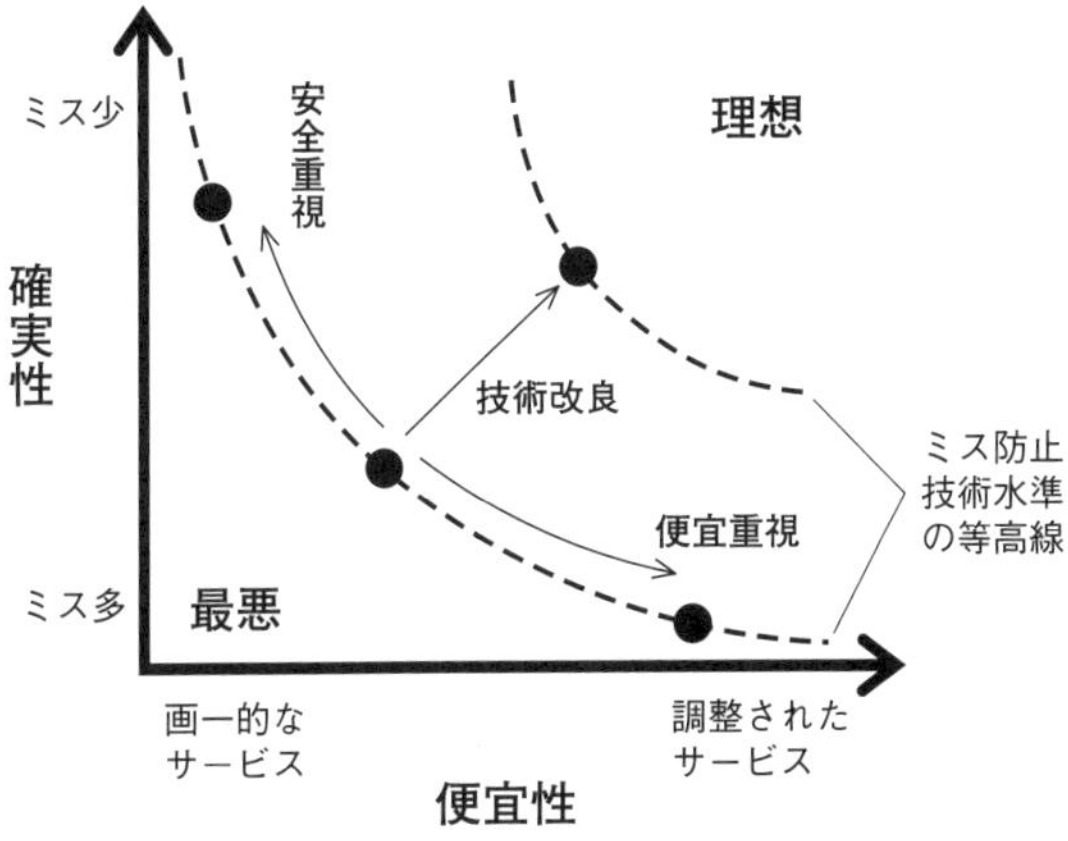

資料4-2　仕事の便宜性と確実性にはトレードオフの関係がある

ンナップを拡大し、時には値引き交渉に応じるなど、臨機応変な対応もしなければなりません。

つまり、仕事の「確実性」と「便宜性」との間には、資料4－2のようなトレードオフの関係が成り立っているのです。業務が複雑化すると、ミスの余地が広がるので「確実性」を減らしますが、一方で、「便《べん》宜《ぎ》性」を向上させます。

したがって、トレードオフをどう調整するかが論点になります。

事務ミスが多いと嘆く前に、**そもそも、わが社はどの程度の便宜性と確実性を欲しているのか、ということを、再検討しなければなりません。**安全を重視して仕事の便宜性を犠性にするべきか、便宜性を優先してミスの発生をある程度甘受《かんじゅ》するか。

どちらが良いかは一概には言えません。

新米の作業者でもできるように仕事を画一化して、ミスを鎮圧する戦略もひとつの選択です。逆に、ミスがやや多くてもそのロスは甘受して、仕事の便宜性を高く保っていくという判断もありえます
便宜性も確実性も両方とも欲しい場合には、技術水準を上げることに挑戦しなければなりません。

例えば、今使っている古い業務システムを捨てて、より高機能で間違えにくいシステムへと更新するなど、コストのかかる大きな決断が必要なのです。

Ⅱ　実践編　ミスはこう防ぐ

第5章　ミスの解決は、「6つの面」から考える

問題は多角的にとらえるべし――列車事故の歴史の教訓

ミスをいかに防ぐべきかという問題を考える時、何かのテクニックを単純に当てはめることがベストとは限りません。ひとつの解決策に飛びつく前に、問題をどうとらえるとよいかを考える冷静さが必要です。

「問題」とは、現実が望ましくない状態にあることです。このように問題の定義とは主観的なものです。ですから、最初は望ましくないと思っていたことが、よくよく考えてみれば問題ではなかったということもありえます。

あるおいしいラーメン店の前には、いつも客が行列を作っていました。

ある日、店主が、「お客様を外で立たせて待たせるのは、サービス上問題である」と考え、店を広げて席数を増やしました。

店の前の行列は無くなりましたが、良いことばかりではありませんでした。ラーメンを素早く出してほしいという不満を、客が抱くようになったのです。客は、店の外で立って待つ五分は短く感じるのですが、店の中で座って待つ五分は長く感じ、イライラさせられるのです。

確かに当初の問題は解決できたのですが、それが元で、今度は別の問題を引き起こしたというわけです。

解決策は、しばしば隠れていた別の問題を引き起こすものです。解決策はワースト１だけを解決しがちであり、それによって隠れていたワースト２の問題が一位に繰り上がることがあるからです。

一九五一年に、横浜の桜木町駅付近にて列車火災事故が発生しました。走行中の満員の木造客車が燃えだしたのですが、乗客はドアを開けてもらえずに車両内に閉じこめられて、多数が焼死するという大惨事でした。

乗客閉じこめ問題の解決策として、乗客でもドアを開けられるように改造がなされました。

現在の客車のドア付近にある非常用ドアコックがそれで、これをひねるとドアを開けられるようになったのです。

しかし、乗客が自主判断で脱出できるようにした対策が、別の問題を誘発します。

一九六二年の三河島事故では、はじめに小規模な列車事故が起き、乗客は避難のためドアを開け、線路に降りて歩きだしました。そこに別の列車が突入し、多くの乗客をはねたのです。

この事故を受けて、今度は、事故が発生したら付近の列車も含め、全ての列車を直ちに停止させるように、規則が改正されました。

すると今度は、一九七二年、長大な北陸トンネルを走行中の急行列車で火災が発生しました。三河島事故の教訓にしたがって、列車は緊急停止しました。

しかし、出口からはるかに遠いトンネルの中で列車が燃え続けたため、煙に巻かれ多くの犠牲者が出てしまいました。この事件後、トンネル内で火災が発生した場合は、列車はトンネルを出るまでは停止しないこと、と規則改正されました。

このように、何か一つの問題を解決したからといって、安心はできません。特定の問題を解決できても、それによって別の問題が生み出されないという保証は無いのです。

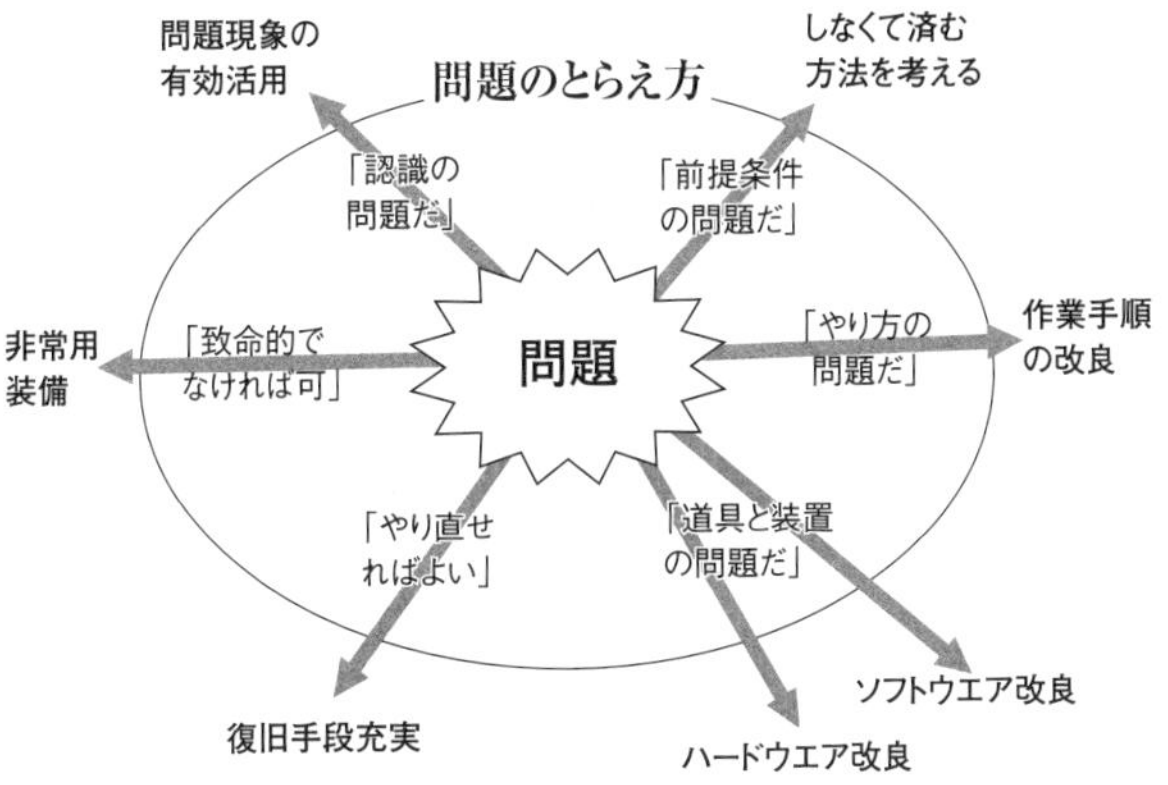

資料5-1　6つの解決策——問題は多面的にとらえられる

問題の6つの面

ひとつの問題に対しては、複数の解決策が存在するものです。

資料5－1に示す6つの解決策が、典型的なパターンです。

それぞれの解決策には長所と短所があります。特定の解決策が常に最善であるとは限りません。

解決策それぞれを慎重に比較して、事情に応じて最も妥当な解決策を選ぶべきです。

6つの解決策について、次の例題を参照しつつ考えてみましょう。

【例題】

ファックスは誤送信のミスが多いものです。相手先の番号を一箇所間違えただけで、全くの赤の他人に送信されてしまいます。

しかし、ビジネスの世界ではあいかわらず、ファックスが重用されています。注文書などの個人情報が含まれる文書を、ファックスで送ることがあり、それが赤の他人へ間違って送られると、企業機密や個人情報の漏洩《ろうえい》という大きなトラブルになります。

間違いファックスの問題をどのように防げばよいでしょうか?

①しなくて済む方法を考える

ミスが生じやすい仕事なら、いっそ廃止してしまえという考え方です。

「いっそ無しで済ます」という考えは、意表をつくものですから、なかなか最初からは思いつかないものです。大胆すぎて現実には採用できないということも大いにあり得ます。

しかし、**廃止案は問題解決の基本**です。作業そのものを廃止すれば、そこにおけるミスの可能性もゼロになりますから、根治療法になるのです。それゆえ、ミス対策では、臆《おく》せずに最初に検討すべきものです。

廃止案は発明の母でもあります。

例えば、「書類に書き間違いのミスが多い」という問題に、「手書きを廃止する」という答えで立ち向かうとしましょう。この発想の下に、ハンコや印刷、マークシート、バーコード、ＩＣタグなどの発明が生まれています。

安全や事務効率化での決まり文句である、「作業を規格化せよ」や「部品を共通化せよ」も、この策の一種です。選び間違いのミスに対処するために選択の必要性を消します。選ばれているものの種類の違いを無くそうとするのです。

例えば、単一型から単五型まで種々雑多な乾電池の買い置きを非効率だと感じたホテルは、リモコンも懐中電灯も、全て単三型を用いる電気機器のみにするという共通化作戦をとりました。格安航空会社では、全機を同じ機種に揃えて、整備の簡便化を図っています。

【例題への解答①】
職場でファックスの送信を全面禁止にして、代わりに電子メールや郵便を使う。

②作業手順を改良する

作業のやり方を改良して対処する考え方です。

手順改良は、作業員への指示を変えるだけなので、設備投資が少なくて済むことが魅力です。

しかし、安上がりであるがゆえに、対症療法的であり効果が弱いことも多いのです。例えば、ファックスの送信前に番号を二人以上で確認するなどといった対策は、どこの会社でもやっていることだと思いますが、それで間違いファックスが根絶されたという話は聞きません。付《つ》け焼《や》き刃《ば》的な改良ではダメなのです。本当に効き目のある対策になるように、手順の改良は深く考えなければいけません。

手順改良の方法論については、後で重点的に述べたいと思います。

【例題への解答②】
ファックスの送信の手順規則を改める。例えば、ファックス送信の直前に、二人組で番号を指差し、宛名と番号を読み上げて確認する手順を追加する。

③道具や装置を改良する、または取りかえる

使いにくい道具や装置を使っていては、ミスが多くて当たり前です。それらを修理したり、いっそ買い換えてしまえばよいかもしれません。

多くの会社で、もしコンピューターシステムを最新型に買い換えることができるのなら、事務ミスを激減させられる、という状況がしばしば見受けられます。しかし、それはお金が無《む》尽蔵《じんぞう》にあるときにのみ可能な、夢物語かもしれません。

一般に、**大規模システムは改造が極めて困難です。改造費用もさることながら、改造にともなう不具合発生のリスクが大き過ぎるためです。**これを「レガシーシステム問題」といいます。

大型の業務システムの購入では、しばしば「昨日の技術を明日買う」と揶揄《やゆ》されることがあります。不具合があるかもしれない新型よりも、欠陥がないことがとりえの旧型を買う方が安全なのです。

画面は白黒（またはオレンジと黒や、緑黒の2色）で、マウスが無く、プリンターはガーガー鳴るドットプリンターという、ぱっと見は一九八〇年ごろのコンピューターに似たシステムが、未だに大企業や官庁で現役で使われていることも珍しくないのです。大規模システ

ムを使う大企業や官庁ほど、むしろコンピューターが古い傾向があります。

【例題への解答③】
古いファックスを使い続けていることがいけない。案内表示用の画面が大変小さく、表示内容も簡素すぎる。
最近の家庭用ファックスは、使いやすさ第一で作られているので、画面が大きくて見やすい。これに買い換えて、相手先の番号をより確実にチェックできるようにする。

④やり直しが効くようにする

間違いが発覚した後からであっても、それをやり直せたり、取り消せるように工夫する策もあります。

やり直しのチャンスがあることは、作業者に安心感を与えます。ぶっつけ本番で待ったなしでは、作業者は緊張しすぎて、できることもできなくなってしまいます。

間違えても大丈夫ならば、作業での試行錯誤の余裕があり、それが技能の向上を促すという効果もでてきます。

【例題への解答④】

ファックス送信では、重要ではないページを一ページだけ、まず試しに送ってみる。その後、相手先に電話をかけて、正しく送信できたことを確認してから、リダイヤル機能で残りの文書全体を送信する。

⑤致命傷にならないための備えを講じる

いくら最新鋭の安全装置を満載したタイタニック号であっても、救命ボートは必要だということです。ある程度の失敗は発生しうるものと前提して、その失敗によって被害が拡大しないように歯止めを掛けるという対策です。


【例題への解答⑤】

間違いファックスは、起こって当たり前と考える。間違えても、ファックスの書面が第三者が見ても意味が分からないような内容になっていれば、情報は漏洩しない。そこで、内容の記述に暗号や符丁《ふちょう》を使ったり、あるいは文書を切り分けて個別のパ一ツだけでは意味を読み取れないようにして送信する。

⑥問題を逆手にとる

災い転じて福となす。問題をチャンスに変えられないか考えてみましょう。

世間を注意深く観察してみると、問題を逆手に取る作戦が意外と多く使われていることに気付きます。

のろのろと少ししか生産できない体制を逆手にとって、「先着百個限定」や「ご当地限定」と銘打つ例。キズ物の商品を「わけあり」として値ごろ感を出す例。自動化できない作業を、「一品一品手作り」や「専門アドバイザーがお客様一人一人とご相談」とする例。莫大《ばくだい》なコストがかかり、しかも非常にゆっくりとしかできない作業を、「エキスパートが丹念に仕上げたハイグレードモデル」と称する例……など。

ものは言いようということですが、これは詐欺的発想ではなく、まじめな話なのです。

何でも「速くて安い」とアピールし、乏《とぼ》しい資金とタイトな締め切りの下で、作業員を酷使してミスを誘う愚は避けなければいけません。

高級品や高級店は、「遅くて高い」のです。遅くて高くてもそれを納得して買ってくれるように、顧客の認識を改めたいものです。

間違いの有効活用として傑作なのが、地図や辞典などにわざと混入されている間違いです。存在しない道や単語が微量にこっそりと混ぜられているのです。

他社がそれと知らず、内容を丸写しすると、たちまち露呈します。最近はデータのコピーが蔓延《まんえん》していますから、著作権を守るためには、こうしたウソの罠《わな》はますます必要になるでしょう。

もう一つ、デメリットをメリットに変えた例を挙げましょう。

酒類を販売する時は、全ての客の年齢をいちいち確認しなければなりません。確認を怠《おこた》ると、店が罰せられます。

しかし、どう見ても中高年の客に、「あなたの年齢を証明するものを提示してください」とは、客を馬鹿にしているようで言いづらいものです。

どうすればよいでしょうか？

米国の酒屋のレジには、こんなステッカーが貼ってあります。

「若々しいお客様には、年齢をお尋ねします！」

機転を利かせれば、失礼な質問をお世辞に変えることもできるのです。

【例題への解答⑥】

間違いファックスが多い方が、結果的に良い方向に進むことがある。

間違いが多くて困っているのであれば、ファックスの使用を廃止し、すべてを書留速達郵便に切り替える、という抜本的な対策を選ぶ機運が生まれる。

通信の機密性の確保に一見馬鹿馬鹿しいほど金をかけることになるが、逆に、「情報管理が厳格であり、信用できる会社だ」という良い評判が立つかもしれない。

具体例でみる6つの解決策

6つの解決策のイメージをつかめるように、さらに事務ミスの事例を挙げてみたいと思います。

これらは実際にあった事務ミス事例です。

【事例1】イベント用に封筒を作成したが、問い合わせ用のEメールアドレスに誤植があった。

①それ無しで済ます	Eメールを使わない。例えば封筒に「○○で検索」と印刷。
②やり方を変える	字としていじらない。正しいメアドの表示を画像として用意しておく。あるいは、正しいメアドを仮名漢字変換ソフトに単語登録しておき、誤植が起こらないようにする。
③道具を変える	部署と要件を設定するだけで、全自動で特注封筒を印刷するシステムにする。
④やり直しが効くようにする	初めに大量に発注しない。少し作ってみて問題がないことを確かめてから追加注文する。
⑤致命傷にならないための備えを講じる	複数の連絡先を併記して、連絡不可能にはならないようにする。
⑥問題を逆手にとる	これを機に、覚えやすいサイト名を取得する。あるいは、メールを使わずに、Ｗｅｂ上で全てできるようにする。

【事例2】顧客に会員証を発行する印刷機に、用紙を裏表逆にセットしてしまい、裏面に印刷してしまった。	
①それ無しで済ます	紙の表裏の別を無くす。両面ともに白紙の用紙を使い、紙面の全ての要素は印刷で描くようにする。
②やり方を変える	セットしたら一枚だけ試しで印字するルールにする。
③道具を変える	「印刷面が上」など注意書きを貼る。あるいは、裏表を自動で管理する印刷機に買い替える。
④やり直しが効くようにする	リライタブル感熱印刷などの書き直し可能な印刷にする。
⑤致命傷にならないための備えを講じる	印刷操作は職員が行い、失敗作が顧客の手に渡ることを防ぐ。
⑥問題を逆手にとる	確認のため、印刷の後に人手で割り印を押すことにして、高級感を出す。

6つの対策の型	発 想	抜本度・根治性	コスト
②手順改良型 ③道具改良型	現状の補修	小	小
④やり直し可能化型 ⑤致命傷回避型	被害の管理	中	中
①しなくて済む型 ⑥問題を逆手に取る型	抜本的対策	大	大

資料5-2　6つの対策の抜本度

リスクに見合った対策を選ぶ

6つの対策パターンは、実行のコストと対策の抜本性にそれぞれ違いがあります。さしあたっての小幅な改良で済ませるか、あるいは思い切って抜本的対策に踏み切るかを、勘案して対策を選びます。

低コストで局所的な対策を積み重ねるよりは、最初の事故の時に抜本的な対策を取った方が、結局は安くつくのかもしれません。

しかし、金のかかる解決策なら効果が強いとも限りません。慎重な検討が必要です。

資料5－2に示すように、しなくて済む方法を考える型や、問題を逆手に取る型の抜本的な対策は、確かな効果を発揮しますが、コストがかかります。現状を補修するだけの対策である手順改良型と道具改良型は、安上がりですが、安易に導入するだけではあまり目立った効果

	発生頻度が月1回程度	発生頻度が週1回程度	発生頻度が日1回程度
被害が小	微	軽	中
被害が中	軽	中	大
被害が大	中	大	重大

資料5-3　リスクレベルを計る表

リスクレベル	選ぶべき対策
微	費用対効果の高い対策、コストが安い対策
軽	被害管理型か抜本対策型の対策を少なくとも一つは必ず導入
中	抜本対策型の対策を少なくとも一つは必ず導入
大	抜本対策型の対策を含む複数の対策を併用
重大	抜本対策型の対策を含む複数の対策を併用。全面的な抜本改革とし、現状補修型の対策は併用しない。

資料5-4　リスクに見合った対策の選び方の目安

が上がらないかもしれません。

リスクが高い問題に対しては、たとえコストがかかっても抜本的対策を選ぶべきです。

リスクの計り方は、例えば資料5－3のように、トラブルの発生頻度と想定される被害額との双方を勘案して、ランク付けします。

そして、リスクが高く見込まれる問題に対しては、資料5－4に示す目安のように、なるべく抜本的対策を多く用います。

特に厳重に防御しなければいけない問題については、複数の対策を併用して複合させます。

第6章　「気付かない」から事故になる
——ミスを防ぐ力その①「異常検知力」をつける

事務ミスを防ぐ力には3種類ある

先に見たように、人間がミスをするメカニズムは、統一感のないモザイク状の複雑怪奇なものでした。それゆえ、個々のミスのパターンをとりあげて、それぞれの相手をして対策を立てていっても、きりがありません。

そこで発想を転換して、個別のメカニズムに惑わされず、普遍的なミス対策を作ることにします。いかなるメカニズムで間違いが起きようとも、それを鎮圧できる体制であればよいのです。

ここで、二〇〇八年に起きた、毒が混ぜ込まれた冷凍ギョーザが流通する、という事件を

	意 味	不足すると	対策優先度
異常検知力	作業内容に異常が潜伏していることを検知できる能力	事故頻発	大
異常源逆探知力（トレーサビリティ）	どこからが異常であるかを逆探知できる能力	事故復旧コストが跳ね上がる	中
作業確実実行力	少ない失敗率で作業を実行できる能力	通常作業のランニング・コストが増加	小

資料6-1　ヒューマンエラーを防ぐ3つの力

題材に考えてみましょう。

この事件が起こった原因を考えるとき、「悪人が毒を混入したからだ」と言っても無意味です。

雨に降られてびしょ濡れになった原因は、雨が降ったからではなく、傘を用意していなかったからと考えるべきでしょう。

同じように、ギョーザ事件でも、安全体制がどうであったかを論じるべきです。

事故を防ぐ力は、「異常検知力」「異常源逆探知力」「作業確実実行力」の3種類に分けられます（資料6－1）。これらが、その重要度と特性に応じてバランスよく整備されていれば、事故は防げるのです。

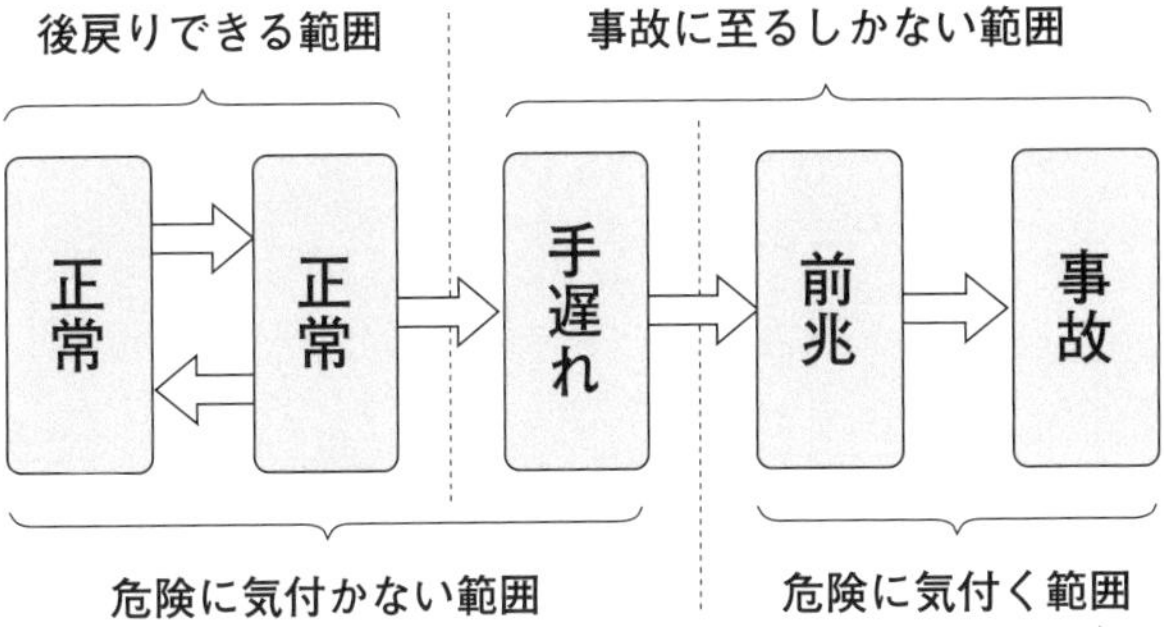

資料6-2　事故が起こる異常検知体制

「異常検知力」が最重要

異常検知力とは、仕事の中に潜在している異変の兆候を、目ざとく検知する能力のことです。

毒入り冷凍ギョーザ事件にあてはめて考えると、異常検知力は、ギョーザの中に毒が入っていないか検知できる力のことです。

消費者が毒入りギョーザを口にするという、最悪の事態に至る前のどこかで、毒が混じっていることを検知できていれば、あのような事件は起こらなかったことでしょう。何はなくとも、「お毒味役」がいれば安全です。

逆に、料理人や家来をどんなに信用できても、お毒見役がいなければ、事故が起きる可能性を打ち消せません。

異常を検知するチャンスが無いか、あっても手遅

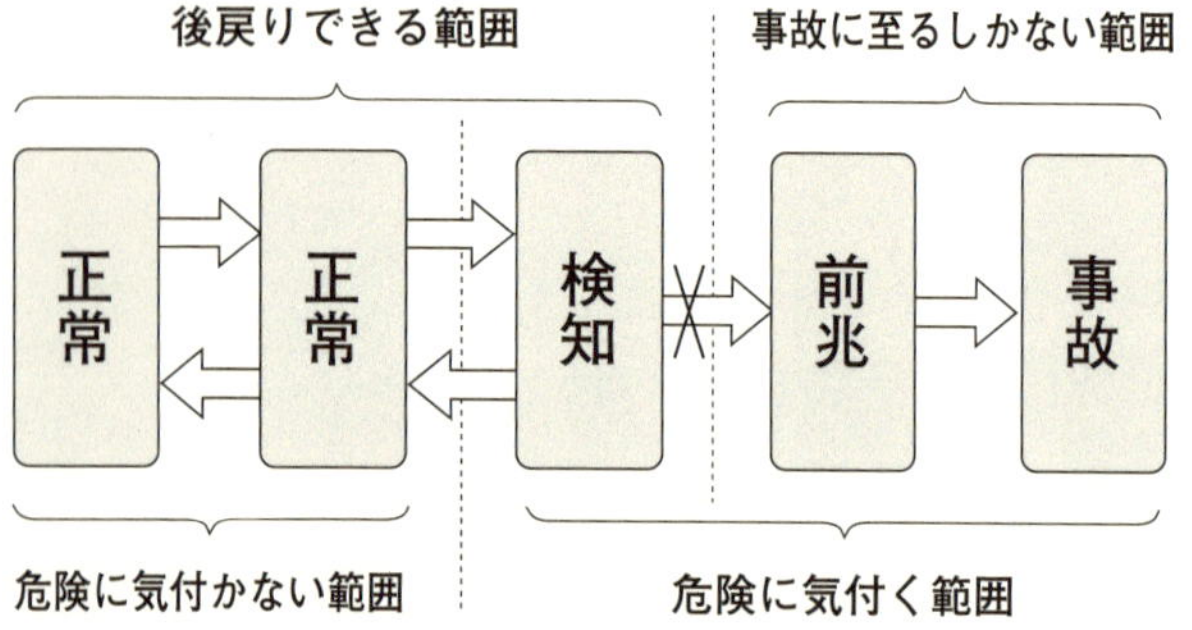

資料6-3　事故が起こらない異常検知体制

れで、気付いた時には事故に至るしかない体制になっていることが、事故の起こる必要十分条件と言えます（資料6－2）。

後戻りできる段階で異常に気付けば、人はただちに危険を回避しますから、事故が起こることはありません（資料6－3）。

異常検知力が不足すると事故に直結します。それゆえ、異常検知力を最優先で整備するべきなのです。**やり直しがきく範囲内で、異常に気付くチャンスを与えることが、ミス対策の最大の要点**なのです。

> 自分の指も舐められない料理人は下手な料理人だ。（シェークスピア）

検査手順が遅いとミスを広げる――データはいつでも見られるように

異常を検知するチャンスが足りず、さらに結果の判明まで時間がかかる作業では、大きな事故につながります。

その代表は年金の記録ミス問題です。

年金は支給される時が来るまでは、データの登録状況を通知されませんでした。データは入力した後、数十年間そのまま放置され、入力にミスや不正があっても、誰も検査や修正をしなかったのです。

諸外国のように、年に一回でもよいから、「あなたの年金納付履歴はこうなっています」と通知してくれていれば、年金の記録ミス問題は起こりえなかったのです。「データは通知しなくてもよい。なぜなら入力が完璧だから」という甘い見通しを持ったことが、この問題の根源です。

「データをすぐに使わないのなら、いつでも簡単にデータを見られるようにしなければならない」という原則を忘れてはいけません。

すぐには使わないものや、非常事態が起こらない限り使わない予定のものというのは、世の中には多くあります。

駅や百貨店で、工事の際に排水の配管を取り違え、トイレの排水が何年間も川に直接垂れ流されていたという事故がありました。

配管の間違いは、試しに水を流してみて確認すれば、すぐにチェックできるように思えますが、そう簡単ではありません。配管工事の時に、すぐさまトイレを使い始めることができるわけではないからです。長い配管ルートを少しずつ作っていくわけですが、個々の作業では水を流して接続をチェックできないのです。作ったら即座にチェックできるわけではない仕事もあるのです。

「検査を早く」の原則に反するように作られているものも世の中にはあります。

ファックスの「送信予約」や「メモリ送信」と呼ばれている機能が、その代表例です。ファックスの原稿を一旦メモリに読み込んで、しばらく時間が経ってから送信するというものです。

ファックス送信のために、原稿をセットし、相手のファックス番号を入力する時には、その作業者は機械の側にいます。手作業が終わり全てのデータが整うと、もはや人が機械の側にいなくても自動で送信してくれます。一見、ありがたい機能です。

しかし、ありがた迷惑でもあります。番号の入力を間違えた場合、赤の他人の電話に向かって、迷惑電話を自動で何度もかけ直し続けることになります。

むしろ、送信者が機械の側に付いていて、送信の成否を見届ける方が安全でした。それならば、ミスが起きたとしても、すぐに中止できるからです。**下ごしらえと実行の間に時間など置かず、作業者が立ち去らないようにすべきだった**のです。

そうは言っても、検査と実行の間にどうしても時間を空けたい、あるいは検査人が忙しくて実行の場に居合わせられないという場合もありえます。

その場合には、「封印」という手法がよく使われてきました。

例えば、大量の紙幣をいちいち数えるという検査作業は面倒です。ニセ札がまぎれこんでいるかもしれないので、慎重な検査が必要ですが、紙幣計数機はいつでもどこでもあるわけではありません。

そこで、紙幣を数えたら、帯封《おびふう》をします。この封を破らない限りは、枚数の正しさが保たれますから、検査人が紙幣の使用の場面に居合わせる必要がありません。

名前はまぎらわしいことが多い！

物の名前は、異常を検知し確認するために必要な、最も基本的な情報です。しかし、**名前**

はしばしば最もあてにならない情報でもあります。

まぎらわしい名前の組み合わせは、世の中にたくさんあります。それゆえ取り違えミスも多く発生しています。

医療における薬品名のまぎらわしさは特に問題です。効果が逆なのに、名前が似ている薬があります。

最近は、特許切れの薬品に対する後発薬が増え、実質的に同じ薬なのに、名前が違う製品がいくつも乱立しています。後発薬は増える一方ですから、このまま放置すれば、いつかはどんなに注意深い人間であっても覚えきれなくなるのではないでしょうか。

それゆえ、薬を手配する時に、薬品名だけを指示するのでは危険です。薬品名の前に補強用の情報も付け加えて、「強心剤の〇〇」というように、伝達しなければなりません。

補強用の情報を付け加えることを「情報の複線化」といいます。大切な事項を、複数のデータと照らし合わせて、多重にチェックすることです。

例えば、荷物の配送などで、顧客の自宅住所を教えてもらう際には、番地と部屋番号だけでなく、必ず建物名も聞き取るようにします。番地と部屋番号だけでも配送するには十分ではありますが、番地の聞き間違いや書き間違いに備えて、補強情報を付けておくのです。

異常検知のために最も理想的な名前の付け方は、名が体を表すこと、すなわち〝名詮自《みようせんじ》性《しよう》〟であることです。

「天ぷらうどん」は、実際に天ぷらが載っているので名詮自性ですが、「きつねうどん」はそうではありません。「助六《すけろく》寿司」のように伝統のある名称は、もはやどういう由来なのか簡単には分かりません（油揚げのいなり寿司と巻き寿司のセットなので、歌舞伎での助六の愛人の「揚巻《あげまき》」にかけたそうです）。このように、当初は名詮自性であったものでも、時間が経つと由来が分からなくなることがあり、その効果はだんだんと崩れてくる傾向にあります。

新しい名前を創り出すことも案外難しいものです。名詮自性であり、かつ魅力的な名前はなかなか思いつかないものです。

政府が75歳以上の高齢者を「後期高齢者」と呼んで大不評を買いました。名詮自性の命名なのかもしれませんが、露骨です。

命名はしばしばデリケートな問題なので、露骨を避ける気配りが大事なのです。例えば、「上中下」のことを「松竹梅」と言い換えるような工夫をしなければいけません。

名前のアイデアが尽きて、ワンパターン化することもしばしばあります。それゆえ、近く

資料6-4　男鹿半島(左)と牡鹿半島

の地名同士がまぎらわしいという現象が起こるのです。

東北地方には牡鹿《おしか》半島と男鹿《おが》半島があります。首都圏で仕事をする時には、亀《かめ》戸《いど》と亀有《かめあり》、鷺宮《さぎのみや》と鷺沼《さぎぬま》、新井薬師と西新井大師などが取り違え要注意の類似地名です。

ある銀行は新宿付近に、「新宿」「新宿中央」「新宿西」「西新宿」「新宿通」「新宿新都心」という名前で、それぞれ別の支店を開いています。まぎらわしさの極みですが、一度付けてしまった名前は簡単に変えることはできません。

混ざってはいけないものは仕分ける

取り違え事故を防ぎたいならば、混同してはならない物同士を、別々に隔てて作業するという方策がありえます。別法人や、別工場、別ラインで分けて取り扱えば、混同は起こりません。

とはいえ、空間の余裕が無く、同じ場所で作業しなければならない場合もあります。その場合は仕事の性質によって分類して取り違えを防ぎます。

例えば、顧客ごとに専属の作業者を割り当てれば、顧客の取り違え事故が防げます。ある病院では院内全域を、靴を履き替えなくても通行できるように改装しました。こうすると、同じ看護師が患者にずっと付き添って、どこまでもぴったりついて行けるので、患者の取り違えを防げるのです。

仕事の内容によって作業担当者を割り当てることも常套策《じょうとう》です。仕事の地域性に着目して、「A地区の配達は〇〇さん担当」などと仕分ければよいのです。

二〇〇九年に、国税庁の「還付加算金」に関する仕事が遅いことに対して、会計検査院が改善を求めました。この仕事が遅いと、納税者に払い戻すお金に余計な利息がかかってしまい、税金の無駄になります。

会計検査院の指摘では、小額で簡単な案件と、高額で複雑な案件とを区別せず、渾然《こんぜん》と処理しているから仕事が遅いのだそうです。確かに、先に簡単な案件だけを選《よ》り分けて一気に取りかかれば、仕事がはかどりそうです。

金額順に仕事を並べ直すことは、能率だけでなく、異常検知をも確かにするテクニックです。金額順ならば、作業をこなしていくと、案件の金額が順に上がっていくはずです。もし、金額が直前の案件より低かったら、何かが間違っていることが判明するのです。

目印や特徴を人為的に付ける

仕事に特徴をわざわざ付け足して、異常検知をやりやすくする方法もよく使われています。色使いで区別することが代表例です。船員服や水兵の制服は真っ白です。これは海に転落した場合に目立つ様にするための工夫です。

これに比べて、電化製品のケーブルは、なぜか黒いものばかりです。どのケーブルがどこにつながっているのかが分からず、不便です。異常検知力を軽視した、不親切なデザインと言えます。

目で見て違いのわからないものや、色のつけられないものには、味や臭いなどを添加して違いを出します。都市ガスに悪臭がつけてあるのは、ガス漏れにすぐに気づくようにするためです。逆に、暗殺用の毒薬は、相手に気付かれないように無色透明無味無臭でなくてはなりません。

本体に味や色が添加できない場合は、代わりにその容器の外見を特徴付けて、区別がつくようにします。

台所用の漂白剤が、食欲をそそらない外観の容器に入っているのはそのためです。このテクニックを知らないある会社が、強力な洗剤を平凡な容器に入れて販売したため、消費者が間違って飲んでしまう事故が起きたこともあります。

資料6-5　新品であることを示すために残されたタイヤのヒゲ

ゴムタイヤを見てみると、小さなゴムのヒゲが生えているものがあります。このヒゲは、タイヤ製造時に型のすき間に入った余分な空気を抜くための穴の痕跡なのです。

このヒゲは見た目が悪いので、工場出荷時に剃《そ》られます。しかし、国によっては、このヒゲこそがタイヤの新しさの証となる場合もあり、そうした国々へはヒゲを剃らずに出荷されています（資料6－5）。

異常検知手段が「文化」を形作る

異常検知力を向上させる工夫は、物の見た目や形を決めますから、文化と強く関わり合っています。

私たちは他人にお金を渡す時に、お祝いなら祝儀袋、お葬式なら不祝儀袋に包みます。場面を無視していつでも茶封筒に包んで渡すということはしません。事の重大性や意味に応じて、道具の見た目を変えないと気が済まないのです。

もちろん、祝儀と不祝儀を取り違える人は現実にはいないでしょう。しかし**万が一にも取り違えてはならないという宗教的な強迫観念が、儀礼における異常検知手段を高度に発達させた**のです。

その極端な例が、忌中《きちゅう》の「逆《さか》さごと」です。

死者の枕元に天地を逆にして立てる「逆さ屏風《びょうぶ》」。死者の着付けは左右逆の「左前」。死という非日常的状況で、普段と同じやり方で行動をしてしまうと、この世とあの世とが混ざり合ってしまうかもしれません。それを恐れて、非日常には非日常をもって応じているのです。

このように、しきたりの文化は、儀式の重大性、祝儀と不祝儀、身分序列と指揮命令系統などの抽象的な事柄を、確実に管理するために発達してきた一面があります。

作業の流れに、さりげなく検知のチャンスを入れる

仕事を区分けしたり、物に特徴を付けることが、異常検知の正攻法ですが、これには限界もあります。

「物それ自体は危険とは言えないが、使い方によっては事故が起こりうる」というケースでは、この作戦が通用しません。起こりうる事故の可能性のすべてを警告しようとすると、物は注意や警告のシールだらけになってしまいます。

実際、家電製品には警告シールがべたべた貼られています。異常検知が大切といっても、露骨で多すぎては、目障《めざわ》りになってしまいます。

異常を検知できるチャンスを、作業の流れの中に自然に入れ込むことを考えなければなりません。

クレーン作業には「地切《じき》り」という言葉があります。荷物が吊り上げられ地面から離れた状態をいいます。「地切り」は、作業の安全にとって極めて大事な局面です。

荷物が地上20センチぐらいに浮き上がり、「地切り」ができたら、直ちにいったん荷揚げを停止させ、荷物が正しく吊れているか点検します。理論的に言うなれば、地上20センチまであげる試運転をして、異常がないか検知していると言えます。

資料6-6 Good Design! 住宅街の入り口の道路の盛り上がり

もっとも、作業の流れの中に自然に差し込まれた簡便な手順ですから、これを「検査工程」や「試運転」と仰々しく考える人はいないでしょう。

作業の流れの中に織り込まれた検査の中には、異常検知と異常排除を同時にかねるものがあります。

ある住宅街の入り口には、資料6－6のような道路の盛り上がりが設けてあります。この上を、法定速度を超過した自動車が通り抜ければ、車は跳ね上げられて道路に叩きつけられることでしょう。

同様に資料6－7の柵は、エスカレーターに荷物台車が入らないようにするための棒です。誤進入のミスに気づかせるだけでなく、違反を承知で進入が強行されることを防ぐ機能もあります。進入を強行すれば破損や負傷という実害が発生します。実害の可能性を見せることで、人間を威嚇《いかく》し、必ずルールを守らせるわけです。

実害が頻繁に起こるのは困りものですが、人間もバカではありませんから、実際に実害を受ける可能性はかなり低いでしょう。

高速道路の料金所のＥＴＣのバーにも同じ事が言えます。バーの上がる方が素早いと、ドライバーはあまり減速せずにＥＴＣゲートを通過します。減速しなくてもぶつからないだろうとナメているわけです。そして減速しないために事故が起きてしまいます。

バーの動きを鈍くして、減速しないとぶつかるようにすれば、ドライバーは減速ルールを守りますから、事故は減ります。

資料6-7　Good Design!　エスカレーターに台車を入れさせないための棒

抽象的なことは「物体」でたとえる

実体を持たない事柄は、その異常を検知することが困難です。目で見たり、触れたりすることができないため、異常に気付きにくいのです。

都合の悪いことに、事務作業では「情報」という非実体的な事柄を主に扱っていますから、ミス無しで済ませることは至難の業となります。

例えば、出かける道すがら、手紙を郵便ポストに投函するという作業は、しばしば歩いているうちに忘れてしまいます。「出すべき手紙が存在する」という抽象的な事柄は、絶え間なく念じ続けていない限り、簡単に忘れられてしまうものです。

忘れないようにするには、出すべき手紙を常に手に持って歩くという対策があります。手に何かを持っていなければならないという面倒くささが、却って仕事の存在を忘れさせません。

仕事の存在それ自体が抽象的な場合、見ることも触ることもできないため、注意を向ける対象にしにくいのです。しかし、手紙という物体で仕事の存在を象徴させれば、具体的であり目を向けることもできますから、異常を検知しやすくなります。

このように、抽象的な事柄を何か別の物体を使ってたとえるという方法は、しばしば使われます。物体は、突然消えて無くなったり、湧《わ》いて出てくることがありません。**忘却されやすい事柄や、数を間違えてはいけない事柄は、物体でたとえることで管理すれば、かなり安全です。**

物体による抽象概念の管理の古典的な例として、鉄道のタブレットが挙げられます。

鉄道では、列車衝突が起こらないように、「1つの線路区間に入ることが許される列車は1本だけ」という鉄則を守らなければなりません。各区間の通行許可を、適切な列車だけに与えるという仕事です。

これは口頭での伝令だけで管理することも不可能ではないのですが、勘違いや聞き間違い、ど忘れなどが起こりそうで不安です。万が一、複数の列車に対して同時に同じ区間の通行権を許可してしまうと、衝突事故に直結してしまいます。

資料6-8 Good Design! 駅員が運転手に通行証(タブレット)を渡している

そこで、「通行権」という抽象概念を、物体に具現化させます。「タブレット」と呼ばれる通行許可証を1個だけ作ります。これならば、許可証が2つに増殖しないかぎり、通行できる列車はいつでも1本以内ですから、衝突事故が起こりえないのです。

物体には、その存在自体が目立つという利点もあります。鉄道のタブレットは、資料6−8のように、かなり大きなものです。これ

資料6-9 Good Design! 飛行機のドアのモードを確認するためのベルト

を運転台に置くのですから、タブレットの有無は否が応でも分かります。運転手がタブレットの無いことに気付かずに列車を発進させる事態が、起こりにくくなっています。

物体でたとえる策は、他にもいろいろな場面で採用されています。例えば、飛行機のドアモードの確認作業がそうです。

飛行機のドアには2つの動作モードがあります。普通に開け閉めできる「ディスアームドモード」と、開けたとたんに非常用滑り台が膨《ふく》らんでせり出してくる「アームドモード」です。

普段は、非常事態に備えていつでも脱出できるように、アームドモードにしてあります。ただ、空港での乗客の乗り降りや整備の時だけは例外で、滑り台が膨らんでは困りますから、ディスアームドモードに移します。

ドアモードの切り替え作業を忘れると、空港に到着して乗客を降ろす際に、アームドモー

資料6-10　銀行で使われている合い札

ドのままでドアを開けてしまい、間抜けにも滑り台が膨らんでしまいます。

ある機種では、このど忘れミスを防ぐために、モードを物でたとえる対策が使われていて、ディスアームドモードにする際には、資料6－9のように長い赤いベルトのついた鍵を差し込むようになっています。アームドモードではそのベルトを取り去ります。このように、ドアから赤いベルトが垂れているかどうかで、一目瞭然《りょうぜん》でモードを確認できるのです。

物体によるたとえは、誰にとっても分かりやすく確実です。**顧客のミスを防ぐために、物体を顧客に渡すという使い方もあります。**

資料6－10は、銀行で使われている「合い札」です。

銀行での手続きは、ある程度時間を要します。窓口で用件を申し出た顧客には、一旦待合い席に戻ってもらい、作業が終わったら窓口に呼び戻すことになります。

この呼び戻しの際に、人違いが起こるのです。

顧客のAさんを呼び戻したのに、Bさんが間違って出てきてしまうこともあり得ます。Bさんは「呼び出しの声がはっきり聞き取れなかったけれど、たぶん私のことだろう」と思って出てくるのです。行員の方もそれに気付かぬまま、Bさんにお金や書類を渡すと、事故になってしまいます。

こうした人違いを防ぐために、仕事ごとに合い札を発行します。顧客に合い札を渡すと同時に、札の番号を書類に記入します。こうすれば、顧客を呼び出す時に、顧客の合い札の番号と書類記載の番号が同じかどうか確かめることで、人違いミスが防げます。

計算は「可視化」してミスを防ぐ

計算間違いは、かつては人為ミスの代表格でした。

今では電卓やパソコンが普及しましたから、数値演算そのものの間違いはずいぶん減りました。しかし、計算の式の立て方では、ミスが多い作業として相変わらず残っています。

計算の本質は、イメージすることです。自分が何を計算しているか、正しくイメージでき

ないと、計算は立ち往生します。

小学生の多くが、分数同士の割り算を苦手とするのは、計算規則を知らないからではなく、計算の具体的な意味のイメージが湧かないからです。イメージが無くては、人間は物事を考え、その正しさを確認することができないのです。

思考とは、事実の論理イメージである。（ヴィトゲンシュタイン）

一般の会社での事務や業務でも、イメージしにくい計算でのミスという問題が出てきます。例えば次のような問題があります。

【例題】
ある薬を500ミリグラム用意したい。その薬はアンプル容器に入っている。アンプル1本には、液量5ミリリットルで、200ミリグラムの薬が入っている。
何ミリリットルの液量が必要か？　また何本のアンプルを取り寄せればよいか？

この問題の難しさは、注文はミリグラムで指定されるのに、答えは液量やアンプルでしなければならない点にあります。

薬の量は本来1つですが、はかり方や数え方を変えて、3つのやり方で取り扱われています。これらを混同しないようにするにはどうすればよいでしょうか。

【イメージを用いない解き方】
液量は、(500ミリグラム)÷(200ミリグラム)×(5ミリリットル)で、12・5ミリリットル。アンプル本数は、(12・5ミリリットル)÷(5ミリリットル)で、2・5本ゆえ、3本取り寄せる。

これは、なんともややこしい計算で、本当にこれで正答なのか、自信が持ちにくいと思います。何の計算をしているのかイメージが湧きません。

この計算で用心すべきは、液の容積、質量、アンプルの本数という乱立する3つの表現です。3つの数字があるように見えても、実体は1つしかないのです。3つの数字を常に結束して取り扱わねばなりません。

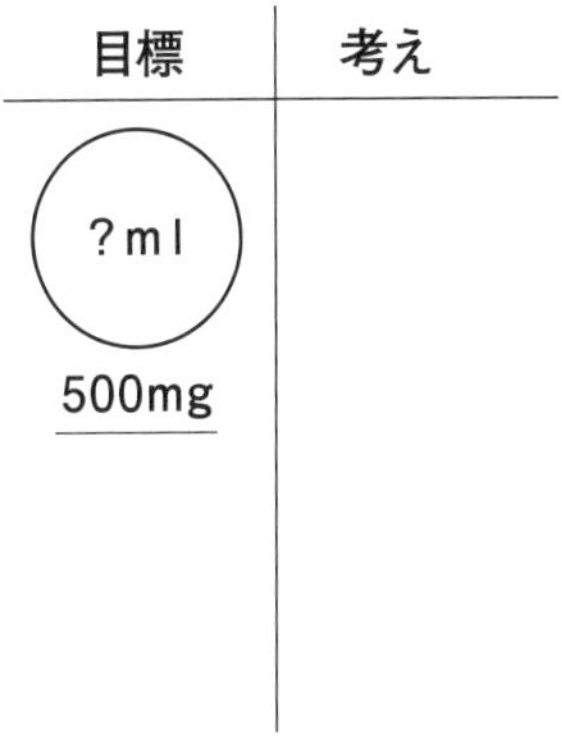

資料6-11　ステップ1：目標の状態を描く

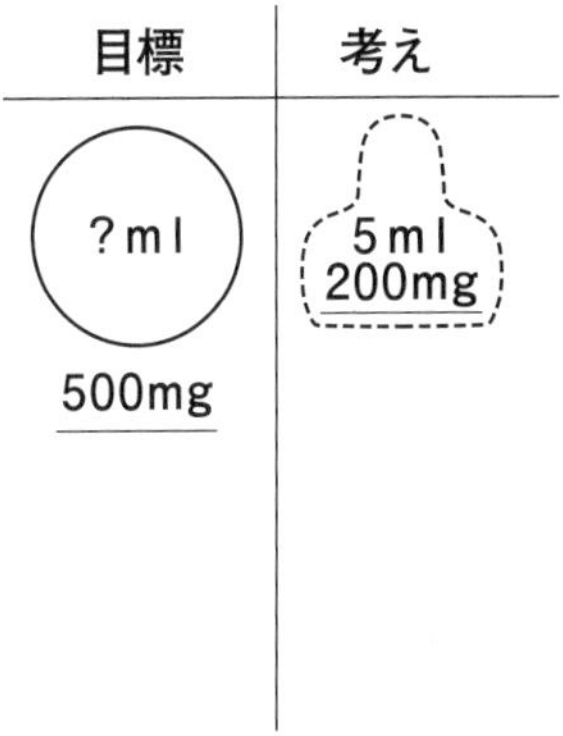

資料6-12　ステップ2：アンプルの液量・質量・本数をばらさずに描く

このことを意識するために、その様子を絵に描いて解けば、まだしも安全なのです。

まず、目標の状態を図にします（図表6－11）。

次に、液量、質量、本数がばらばらにならないように、アンプル1本あたりの数値をひとまとめにして図示します（図表6－12）。

図の左右を見比べて、目標と現状との大小を比較して、アンプル本数を増やしていけば、正しく答えが出せます（図表6－13）。大小比較なら計算が苦手な人でも間違えないでしょう。

計算を可視化することで、正しい答えであることへの、納得と自信が持てることが大切です。

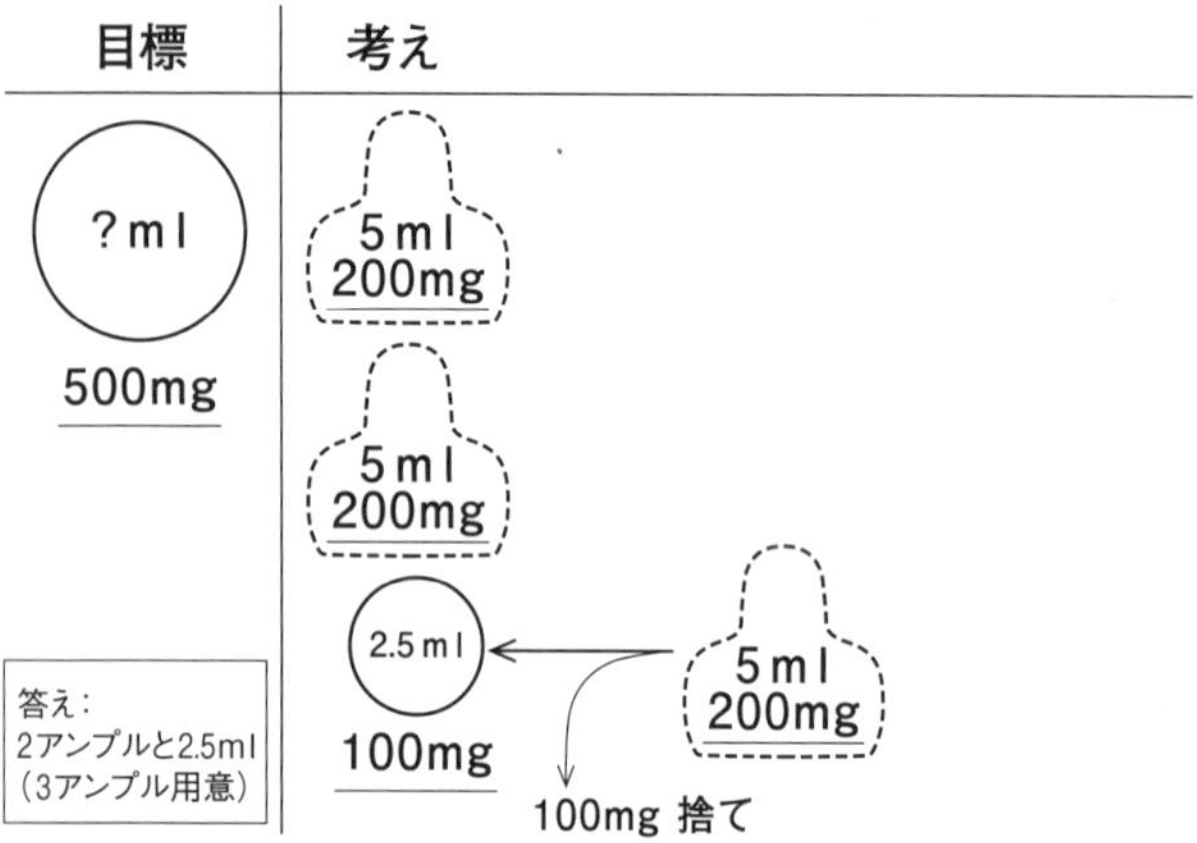

資料6-13　ステップ3：左右の量が釣り合うまでアンプルを増やしていくと答えが分かる

計算してみたものの、自信が持てないようでは、作業者は不安になり強いストレスを感じてしまいます。

第7章　異変のはじまりはどこか?

——ミスを防ぐ力その②「異常源逆探知力」で復旧を容易にする

異常源逆探知力が「復旧のコスト」を支配する

ミスが起これば、それを直さねばなりません。ミスの復旧では、直さなければいけない汚染範囲の特定が重要になります。

作業のどの段階で異変が始まったのか。そしてどこからどこまでが間違っているのか。これを事故の結果からさかのぼって解明できる能力が、異常源逆探知力です。英語では「トレーサビリティ」といいます。

異常源逆探知力が弱いと、事故復旧のコストが跳ね上がります。

毒入り冷凍ギョーザ事件では、異常源逆探知力があまりに不足していました。どの段階で毒が混入したかを、明確に探知できなかったのです。

そのため、どこの工場の誰が混入したのか分からず、捜査が長期化しました。また、汚染されている可能性のある製品の範囲を画定できず、結局は全製品を回収しなければなりませんでした。

各製品に製造番号を割り振ることで、こうした異常源逆探知ができたはずなのです。そうすれば、某月某日の某工場の某ラインで生産した製品だけを回収する、というピンポイントで無駄のない対応ができ、原因も容易に分かったことでしょう。

異常源逆探知力は、トラブルが起きるまでは無用の長物です。しかし、一旦ミスが発生したら、その対応で圧倒的な効果を発揮します。

それゆえ、異常源逆探知力は、異常検知力に次いで2番目に優先して整備されるべき力といえます。

社内の不正への抑止効果も

異常源逆探知力は、社内の不正を牽制《けんせい》するという、内部統制上の効果も持っています。

近年、食品の偽装事件が相次ぎましたが、それは原材料の偽装や消費期限の改ざんでした。

異常源逆探知の体制を整えると、原材料や中間加工品の流れが詳細に記録されます。出自不明の原材料を使ったり、売れ残りの商品の使い回しをするなど、不正をしようとした場合には、証拠が残ってしまいます。それゆえ、不正をためらわせる効果があります。

不正の慣行がある企業が、異常源逆探知体制を導入することは困難です。自分の不正の証拠をわざわざ残すシステムを導入することは、ばかばかしいからです。

異常源逆探知体制を導入するコストが比較的高いことも、二の足を踏ませます。また、不正を止めると、利益がガタっと落ちてしまう恐れもあります。

こうした事情から、異常源逆探知力が無いままで生産を続けるのですが、ミスに対抗する重要な力が無いのですから、いつかは大きなミスが発生し、その復旧に膨大なコストを支払わされる、というお定まりの破局を迎えます。

トレーサビリティこそが品質保証の本体

異常源逆探知体制を作る簡単な方法は、案件や品物に関わった人々の履歴記録を残しておくことです。品物に直接、指紋のような個人識別情報が残っていれば、関係者を特定できるわけです。

このシステムの好例は、書画骨董《こっとう》の鑑蔵印《かんぞういん》です。

美術品には、所有者が変わり鑑定し直されるたびに、鑑蔵印という検査印兼所有者印が押されていきます。それがそのまま、作品の流通経路の履歴となります。

印影自体は簡単に偽造できますが、履歴情報はそうはいきません。なにしろ歴代所有者の鑑蔵印が押されているのですから、真贋《しんがん》に疑いがあれば、過去の所有者に問い合わせればよいのです。

品質の半分はトレーサビリティで決まります。「これは国産松茸《まつたけ》です」と言うだけでは信用されません。真偽が確かめられないからです。「これは国産松茸です。生産者は山田さんです」と、追跡を可能にする情報も提示しなければいけません。

いわゆる**「品質それ自体」と、「追跡可能化情報」の二つが揃って、はじめて真の品質が成り立ち値段が定まる**のです。

事務作業についても同じ事が言えます。異常源を探知できない体制では、事務作業の品質を論じることができません。情報や書類の出所や、処理の履歴を記録しつづける地道な努力があってこそ、事務の正確さが検証できます。

仕事にミスがある、と顧客から指摘を受けた時、異常源逆探知力がものを言います。自分の仕事の過程を全て検証できるのなら、顧客の言い分が正しいかどうか判定できるでしょう。

逆に、異常源逆探知力が無いと、自分としては正しい仕事をしたつもりだが、顧客の言う通りかもしれず、真相は藪《やぶ》の中です。「とりあえず顧客に謝っておけ」ということになり、賠償金を払わされる上に、信用を落とすはめになります。

ゾーニングで異常源逆探知体制を作る

場所（ゾーン）を規定することで、作業の場所、道具の位置、人・モノ・情報の流れのルートを定める手法を、ゾーニングと言います。

「この作業はここでする」「この道具はここ以外への持ち出しを禁ず」「未処理の書類は机の左側に置き、処理済みの書類は右側に置く」などのルールを定めて、作業状況を取り締まります。

ゾーニングは、ミス防止に対して強力な効果があります。特に異常源逆探知力の向上にはほぼ必須と言ってよいでしょう。

資料7-1 Good Design! 郡上八幡の泉。汚染が上流に及ばない

○ゾーニング効果・その1……作業の管理・監督を簡単にする

ゾーニングがあれば、作業場を一目見るだけで、状況を把握できます。作業員が集まっている場所があれば、そこの工程にトラブルがあるのだと分かります。誰も立ち入らないはずの場所に入っている人がいたら、その人は何か勘違いをしているのだと推測できます。異変の所在がすぐに見えるので、監督する上で便利です。

○ゾーニング効果・その2……危険物の流出を防ぐ

業務では、必要悪ながら危険なものを扱わなければなりません。危険物とは、工業の世界では毒劇物や強力な重機械であり、事務の世界では機密文書や現金などが該当します。危険物を指定のゾーン内に留めることで、安全を確保します。危険物がゾーンの外に漏れることによって、ほとんどの事故は引き起こされています。

○ゾーニング効果・その3……紛失を防ぎ衛生を保つ

物や情報の輸送ルートを定めることで、迷子にならないようにします。

さらに移動を一方通行に統制することで、下流工程で生じた汚染が、上流工程にまでさかのぼることを防ぎます（資料7－1、7－2）。

一方通行ならば、どこから異常が始まったかが特定できます。それゆえ、ゾーニングが異常源逆探知力を作り出すのです。

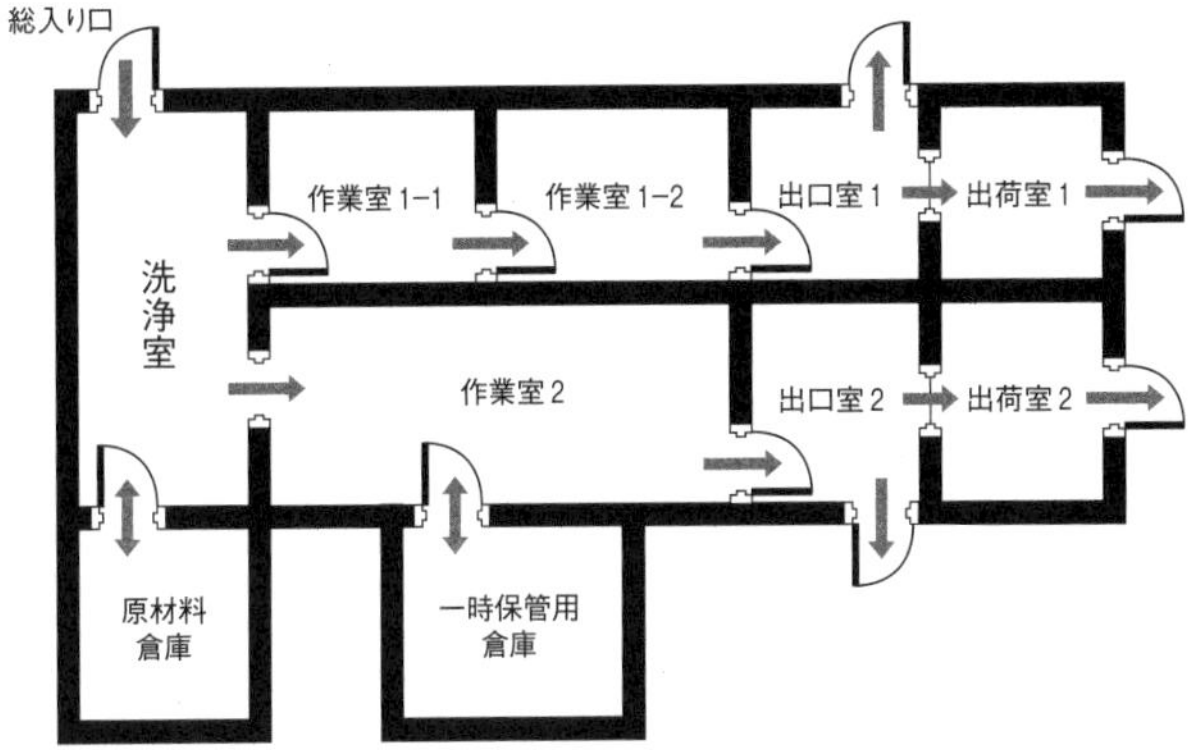

資料7-2 Good Design! 食品工場のレイアウトの例。一方通行で汚染が逆流しない。系統を分け、汚染を別のルートに広げない

メフィストフェレス「魔物には掟《おきて》があって、部屋を出るときは入った所から出なければいけないのです。入るときは自由ですが、出るときは奴隷です」（ゲーテ『ファウスト』）
（出入り口が同じだと汚染がたちまち広がります。もっとも、それが魔物の望むところかもしれませんが。）

○ゾーニング効果・その4……作業をわかりやすくして、スピードを上げる

ゾーニングがあれば、作業員は物の置き場所や渡し先の場所に迷わずにすみ、その分だけ作業はスピードアップできます。

工程が長くて複雑な作業をする際には、作業工程の順に呼応するように、作業場所をゾーニングすることが大切です（資料7−3）。

また、説明図や書式をわかりやすくする際にも、ゾーニングを使います。

余白があれば何でも描いてよいのではありません（資料7−4）。レイアウトの縦横には一貫した意味を持たせるべきです（資料7−5）。

仕事を始めるにあたり、まず左方に置く

作業順序を左右の位置と呼応させるゾーニング

ゾーニングを講じないと、作業の状況が把握できなくなる

資料7-3　工程が長くて複雑な作業の場合には、作業場所をゾーニングする

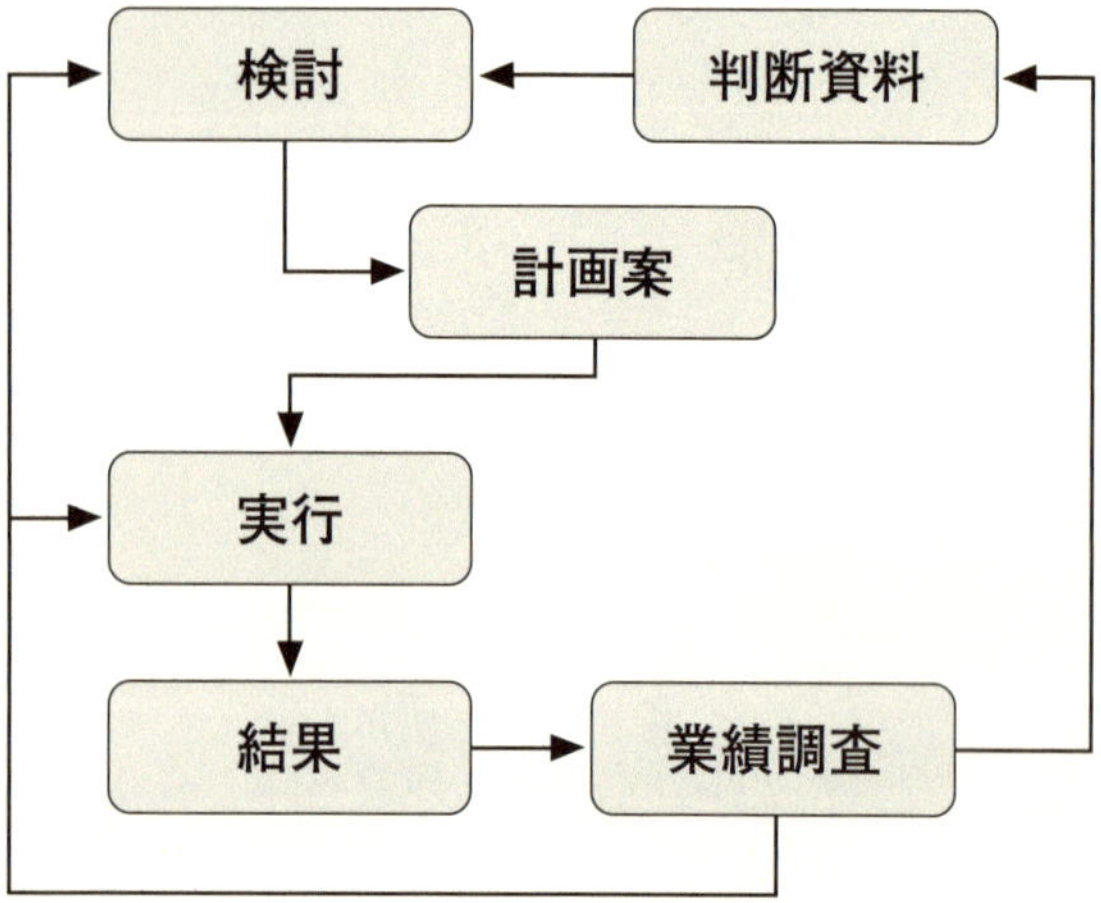

資料7-4　Bad Design!　ゾーニング無しの図は読みにくい

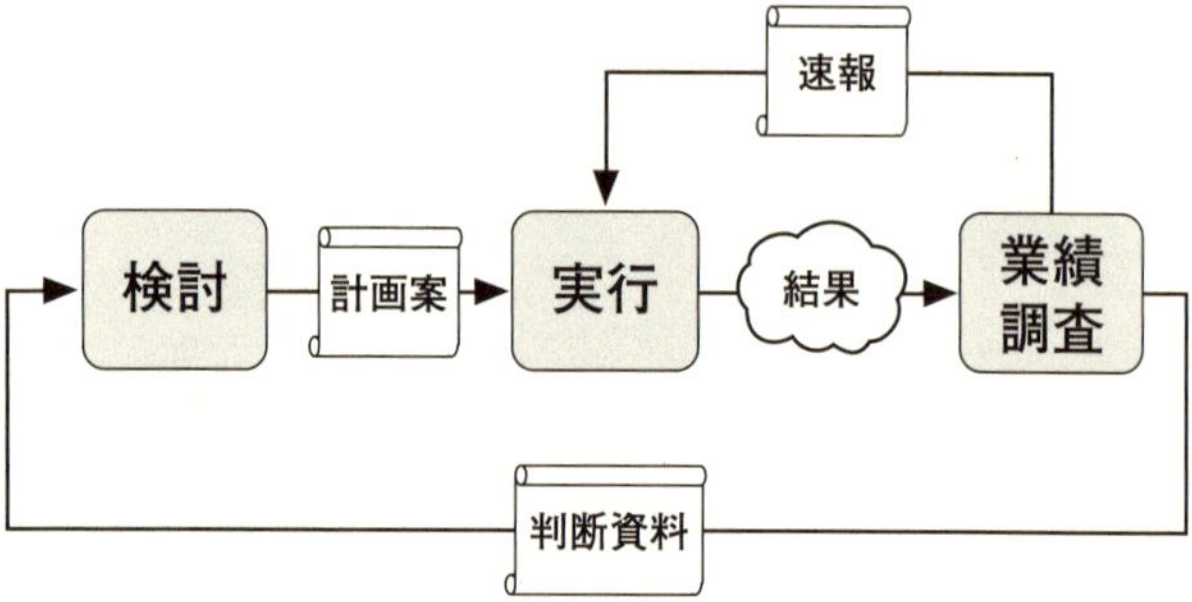

資料7-5　Good Design!　左右の方向と手順の流れとを呼応させる

○ゾーニング効果・その5……非常事態に対処しやすい

事故やトラブルがあった時や、仕事が殺到している時は、作業現場は混乱しがちです。そこでゾーニングが物を言います。混乱を治めるには、場所に着目して管理することが一番良いのです。

「遠くの親戚より近くの他人」といいますが、いざとなったらそれまでの管轄や所属部署の違いを考慮するよりも、地理的な近さを重視してものごとを取りまとめる方が、仕事の管理が迅速にできますし、何かと重宝します。

資料7-6　都心の橋のたもとにある迷子情報掲示用石柱

軍隊では、敵に敗れて兵士が散り散りに敗走した場合、敗走のルートにある主な橋や町に臨時集合所を設置します。算を乱して逃げてくる兵士達をそこにひとまず溜め、即席の部隊としてまとめ直します。こうすれば無秩序状態から迅速に立ち直れるのです。

橋のたもとは、古来、混乱を収める

ための情報処理をする場所として使われ続けてきました。東京都心、中央区の日本橋川にかかる一石橋《いっこくばし》のたもとには、迷子情報を掲示するための石柱が残っています（資料7－6）。

二〇〇八年に、東京の救急搬送において、患者が数多くの病院から次々と受け入れを拒否される事態が起こりました。東京都は解決策として、都内を12の地区に分け、地域別にセンターが搬送状況を調整管理するという策を取りました。これもゾーニングによる混乱防止の一種です。

第8章　「ミスをしないこと」は目標になりえるか
――ミスを防ぐ力③「作業確実実行力」とのつき合い方

「作業確実実行力」は意外と頼りにならない

各作業を失敗せずに実行できる能力を、作業確実実行力と言います。ミスをせず、無駄を出さず、締め切りに遅れずに、所定の品質を満たす結果を出す技能のことです。

しばしば、この技能に優れている人は優秀であると表彰されます。そして、もし全ての作業員が優秀でミスをしないのであれば、トラブルの種はまかれませんから、万事解決と思われがちです。「作業員の技能を高めればミスは減るのだ」という、技能重視の考えが幅をきかせています。

しかし実際には、作業確実実行力は、事故防止に対してあまり効果がありません。

毒入り冷凍ギョーザ事件の例で考えてみましょう。作業員の作業確実実行力が高ければ、ギョーザを上手に包むことができ、製品を迅速かつ確実に輸送できます。

しかしそうだからと言って、事件を防ぐことには直接的には無関係です。むしろ、高効率な生産流通体制が、被害を急速かつ広範囲にまきちらしたので、事件を拡大させたとも言えます。トラブルの種を自分はまかないからといって、他人がまいた種を育てないとは限りません。

ミス防止の主役は、最近、「作業確実実行力」から「異常検知力」に移ってきました。それはなぜでしょう。

昔の職人仕事は、一つのミスで台無しになりました。最後の一手間で失敗するだけで、商品をキズ物にしてしまったのです。ミスが目立つのですから、異常検知が極めて簡単とも言えます。作業確実実行力だけが、職人の能力を計る尺度だったのです。

しかし、現在の仕事の多くは分業体制で進められます。

分業では、上流工程から送られてきた仕事にトラブルの種が入っているかもしれません。種の存在に気付かずに仕事を進めてしまうと、トラブルはだんだんと大きく育っていきます。そして、はるか下流工程になってトラブルが芽吹いて爆発します。

とはいえ、作業者各人が分担する範囲では、仕事の完成までは見届けられませんから、仕事に含まれるミスに気付きにくいのです。そうなると、このような状況でもミスを見つけられる異常検知力が貴重になります。

また、現在の生産体制では、一つのミスで全てがダメになるという事態を避けられるようになっています。技能が足りず小さな失敗をしても、そこを部分的に取り替えればよいように仕事を設計してあるのです。それゆえ、作業確実実行力の必要性は昔よりかなり小さくなっているのです。

真の達人とは――「異常検知」を最優先する

作業確実実行力は低くとも、異常検知力さえ整っていれば、事件は防げます。それゆえ、真の達人とは、異常検知力に優れ、慎重な人のことを言うべきでしょう。

このことは『徒然草』の中でも繰り返し指摘されています。

例えば、「吉田という名の馬乗り」の段では、乗馬の名人が登場します。彼に乗馬の秘訣について尋ねたところ、いわゆる乗馬のテクニックについては全く触れませんでした。代わりに言ったことは、馬の力は非常に強く、人間では対抗できないことを心得なさい。

乗る前に馬の様子をよく見なさい。その馬の個性を知りなさい。不審なところがあれば、その馬には乗ってはいけません。

次に、馬具をよく見て、危ない箇所があったり、不安を感じたら、その馬には乗ってはいけません。

この用意を忘れない人が本当の馬乗りなのです。


要するに、**異常検知を最優先し、常に安全第一で行動するべき**という考えです。安全第一を追い求めるからこそ、結果的に落馬などの事故が減り、作業確実実行力も向上するのです。

達人に見習うなら、その作業確実実行力だけに注目するのではなく、異常検知の技も観察するべきです。

ベテランが深刻なミスを犯す理由

ミスを減らすためには、作業者を訓練し、異常検知力から作業確実実行力までを円満に熟達させることも大切です。

そして訓練方法を考える前に、「熟練とは一体どのような状態なのか」を明らかにしないといけません。初心者と熟練者との違いを知らねば訓練はできないからです。

しかし、熟練者の行動は素早くそつがないため、かえって基本通りで平凡に見え、具体的にどこが特徴的なのか、はっきりしないものです。

また、熟練者だからこそのミスのリスクもあり得ます。初心者の方がミスを犯す件数は多いのですが、熟練者は件数が極めて少ないながらも、大きなミスを犯してしまう可能性があるのです。

というのも、熟練者はそれだけ大きな仕事を任される立場にあり、ミスの波及効果が大きくなるためです。また、仕事に慣れきってしまうと、どの仕事に対しても、「昨日も似たような仕事をやった」などと既視感が働き、詳細を確認することなく「たぶんこうだろう」という思い込みが働いてしまいがちです。

このようにして、単純ながらも深刻な結果を生む「取り違えミス」のような事故を、ベテランが起こすのです。

よって、リスクの大きさを考えれば、初心者も慣れきった者も、共に危険なのです。

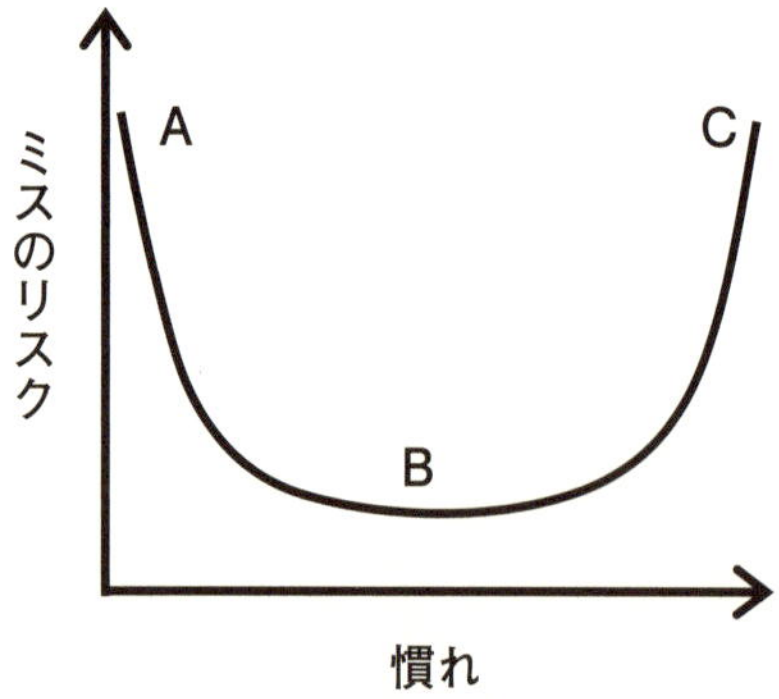

資料8－1　初心者がミスを連発する段階Aも危ないが、慣れすぎて油断する段階Cも危ない

それゆえ、**本当に熟練を極めた人は、むしろ慣れすぎないように注意しています。**資料8－1で、A→B→Cと熟練した後に、再びBに戻ります。「初心忘るべからず」です。ありふれていてごく簡単に思える仕事であっても、基本的な確認に念を入れています。

熟練者には、初心に戻るとはいえ、初心者のように全ての確認事項に平等に念を入れる芸の無さではなく、特に注意すべきポイントを押さえる慎重さがあります。

また、熟練者にインタビューしてみると、リスクの所在を熟知していることに驚かされます。「この仕事の場合、コンピューター画面上では〝問題なし〟と表示されるが、本当はさらに確認しなければならない例外的な事例がありえる」などと、管理サイドも知らないような落とし穴を指摘されることがあります。

痛い目に遭わずとも済む訓練を

真の熟練者になるために必要な条件は、ミスの経験をすることです。例外的に注意すべきケースを言い当てる真の熟練者は、過去に何らかのミスや事故に遭遇しています。自分自身が痛い目に遭わない限りは、目の付け所が甘いと言えます。

しかし、熟達のためとはいえ、ミスをわざとしでかすのは、危険で非効率的です。

そこで訓練の中で、事故を疑似的に体験するようにするべきなのです。しばしば訓練は、標準的な仕事のやり方をさらうだけで終わってしまいますが、事故の実例を題材にして演習することも忘れてはなりません。

事故経験に次いで教育効果があるのが、他人に仕事を教えることです。

人は教えている時に学ぶ。（セネカ）

これは仕事においても成り立ちます。**大きなミスの経験は無いのに、極めて熟練できている人には、決まって人に仕事を教えた経験があります**（資料８－２）。他人の仕事のやり方、間違え方を客観的に見ることで、仕事の要点を理解できるのです。

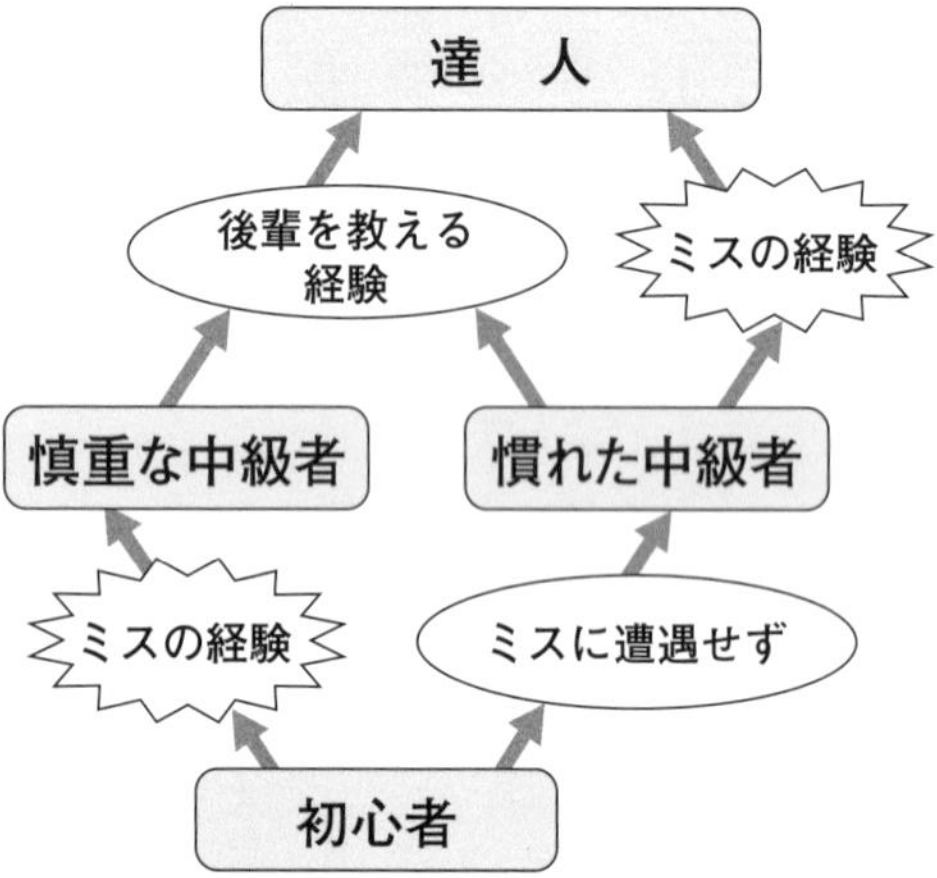

資料8-2　人材の成長経路

それゆえ中級者以上に対しては、後輩に教えるという業務を計画的に与えて、スキルアップさせます。

第9章　御社の「手順」はムダだらけ
——ミスを防ぐ作業手順を組み立てる

実世界で使われているミス防止の具体策は、ミスの理論とどのように合致しているのでしょうか。

ここからは事務ミス対策の具体策を研究してみましょう。

本章では、仕事にとって最も基本的な要素である作業手順を取り上げます。

手順が非合理的ですと、作業は遅くなり、ミスが増え、品質も落ち、コストがかかります。

手順を正しく並べ直すだけで、これらの害を取り除けます。

作業手順を正しく組み立てるには、5つのポイントがあります。それぞれ順に、見ていきましょう。

（1）やり忘れの元凶である「揃い待ち合流」を避ける

手順の分岐と合流

多くの作業では「手分け」がしばしば起こります。仕事をいくつかのパートに分け、それぞれを別の担当者が同時進行で処理し、仕事の完成を早めようというわけです。

しかし、作業理論からすると、「手分け」はあまり望ましくないものなのです。手分けをするから、仕事が非効率になり、ミスが起こることもあり得るからです。

特に、必要な手順をすっぽかすというミスは、手順の手分けによって引き起こされるものと言えます。

例えば、坂道に止めた自動車が、ハンドブレーキの引き締めが甘く、ずるずると坂道を滑り下るという事故がしばしばあります。坂道で自動車をしっかり駐車するという作業は、「ハンドブレーキを強く引く」という手順と、「自動車のキーを抜く」という手順の二つを行うことで完了します。

それを、双六《すごろく》風に書き表すと、資料9－1のようになります。作業の上流で分岐があり、分かれた両者が最後に合流するという構造です。

人間は、作業の合流ポイントで揃うのを待つことが得意ではありません。慌てていたり、勘違いをしていると、片方の作業しか完了していないのに、合流ポイントを通過するというミスをしてしまいます。

キーを抜いただけでハンドブレーキをかけていないのに、駐車完了のマスにうっかり進んでしまうのです。

そうして、自動車が坂道を転げ落ちるという事故が起こるわけです。

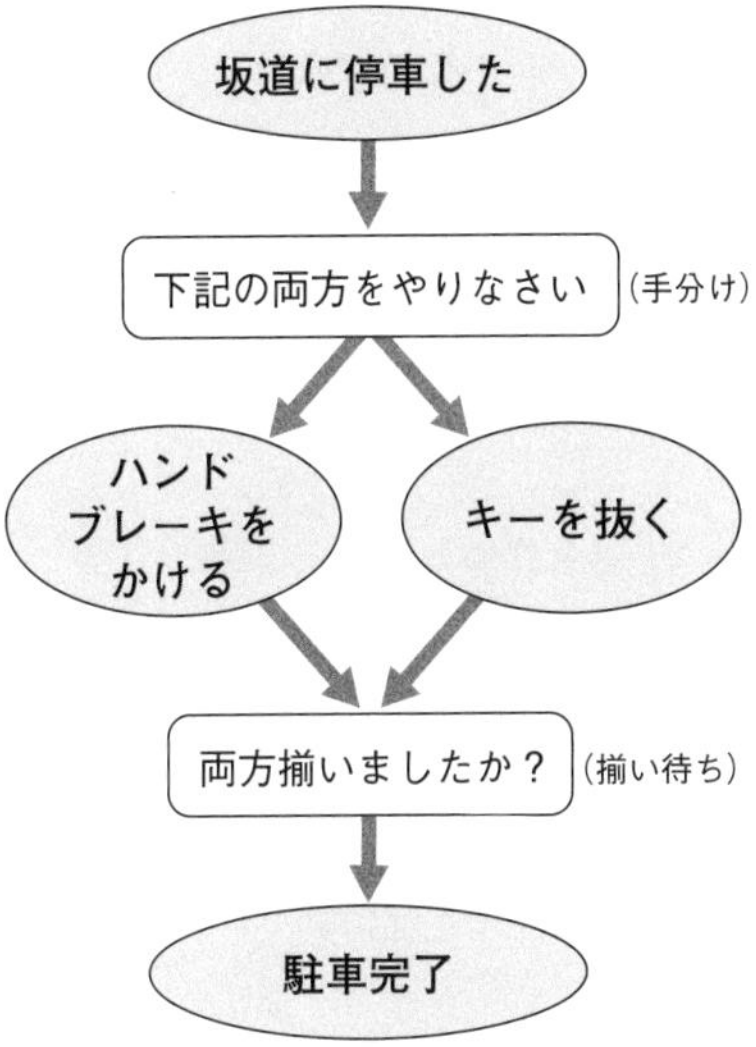

資料9-1　揃い待ち合流のある作業

揃い待ち合流は諸悪の根源

作業を手分けして、パートごとの作業が完成し揃うのを待つことは、すっぽかしミスだけでなく、作業の効率を落とすという欠点もあります。作業分岐の片方が速く仕上がっても、

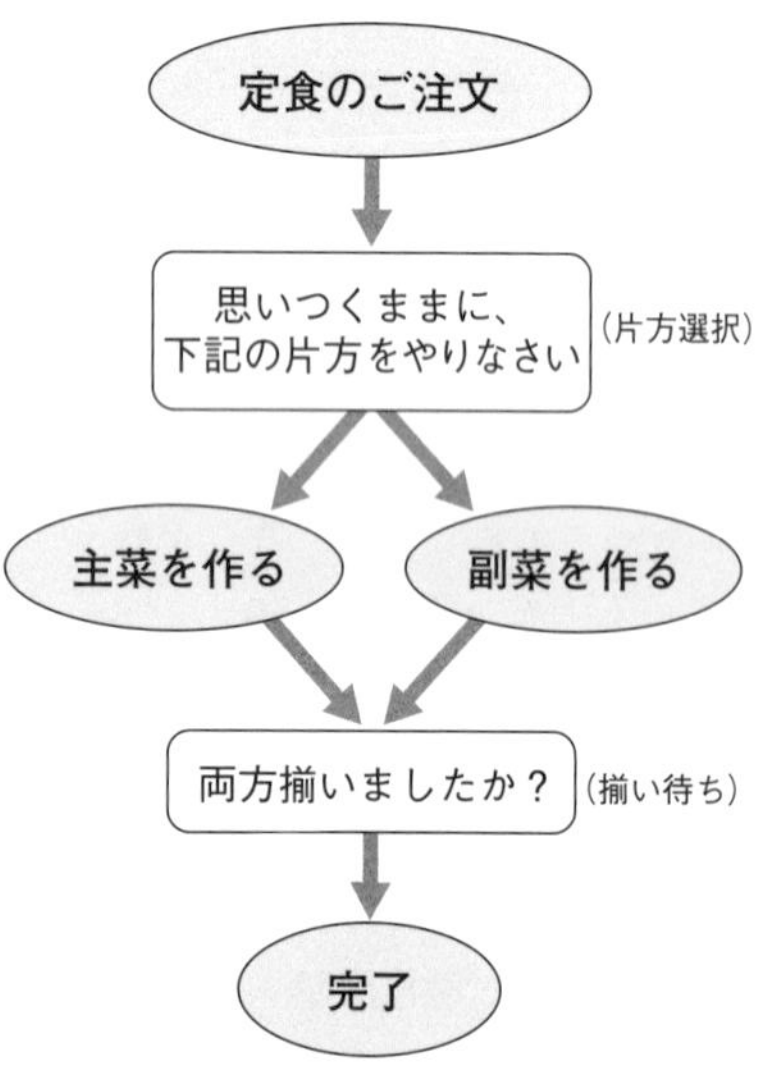

資料9-2　永久に完成しない作業手順

他方の筋の仕事が遅れているなら、合流ポイントで待たなければならないからです。

そもそも待機時間はムダなものですし、待機中の仕事が紛失しないようにしまっておかねばならないという管理コストも生じてしまいます。

最悪なのは、揃い待ち合流が仕事の完成を阻止することです。揃わなければ通り抜けられない合流ポイントで、仕事が揃わず永久に待ちぼうけという事態があってはなりません。

このような永久停止は、合流が生じる原因となった手分けの分岐が、正しく管理されていない場合に起こります。手分けする際には、いずれの手順の分流にも実施者を割り振らなければいけません。そうでなければ、分流が全て完了して揃うということはありえないからです。

しかし、不注意に手分けをすると、誰も実行しないまま放置される分流が出てきてしまいます。資料９－２のように、手分けが不完全で、合流が揃い待ち型であると、その仕事はいつまでたっても完成しないのです。

パソコンを使っていると、動作がぴたりと止まり、うんともすんとも言わなくなることがありますが、それは大抵、パソコンが正しい手分けに失敗し、揃い待ち合流ポイントで永久の待ちぼうけをしているだけなのです。

揃い待ち合流の解体——一本道に組み直す

揃い待ち合流は、ミスと非効率を生み出す、諸悪の根源ということがわかりました。ですので、合流の原因となる手分けは、それがどうしても必要という仕事に限って使うべきです。揃い待ち合流無しで仕事の手順を組めれば、それに越したことはありません。

手順すっぽかしミスが多い仕事があるなら、そもそも手順を分岐する必要があったのかと問い直すべきでしょう。

坂道駐車の例でいえば、作業の分岐を廃止し、資料９－３のように、一本道の手順に組み直すことが出来ます。「停車したら、まずハンドブレーキを引き、次にキーを抜く」と、手

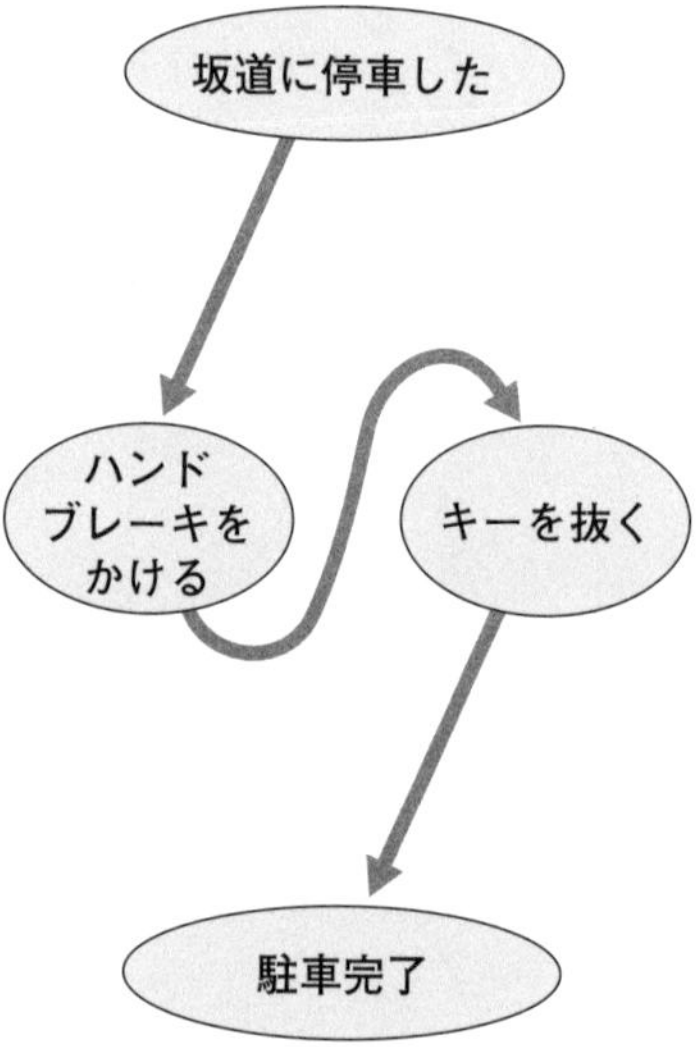

資料9-3　揃い待ち合流を解体する改良

順を一つに固定してしまうのです。こうすれば、分岐と合流は無くなり、ミスの危険から逃れられます。

　弓道や茶道といった作法では、手順が一本道に固定されています。稽古のなかで、その一本道を繰り返しなぞることで、手順を覚えやすくしているのです。

　正式手順を外れて、手順を前後させても、矢を射ったり、茶を点《た》てることは可能でしょうが、そこでは分岐や合流の状況を見張らなければならなくなります。手順を前後できる自由を与えると、かえって作業者に、注意力の負担をかけてしまうのです。

（2）「因果律」に従って手順を整列させる

決定を受けてから着手する

レストランで、コックがハンバーグを作ってから、客に注文を聞いたとします。客がハンバーグを注文してくれれば良いのですが、別の料理を注文した場合には、ハンバーグは無駄になります。つまり、注文取りの手順より先に、調理の手順が来てはならないのです。

他の手順の決着を待たなければならない手順を、先走って着手してはいけません。調理の手順も注文取りの手順も共に完璧にできたとしても、手順そのものが前後してしまうと、ハンバーグはムダになってしまいます。

つまり手順の並べ方こそがミスなのです。

原因が先で結果が後であるという道理を、科学用語では「因果律《いんがりつ》」といいます。

ものの順序をわきまえない奇妙な手順は、結果に関する手順を先走って前に置き、原因に関する手順を出し遅れるなどして、因果律を破っているのです。

因果律不順守によるロスは、作業の上ではこれという失敗が無いので、目立たないこともあります。一見うまくいっている仕事の中にも、このミスが潜伏していて、ロスを生んでいるかもしれません。

効率の悪い仕事があったら、その手順の因果律をしっかり再点検してみるべきです。

料理の「さしすせそ」も因果律——手順の前後の相性を見る

よく言われるように、料理で調味料を入れる順番は「さしすせそ」です。砂糖、塩、酢、醤油、味噌の順に入れるのが良いとされています。

この並び順にも因果律の理由があります。

砂糖より先に塩を入れると、砂糖の味が食材にあまり染み込みません。塩が先に食材に染み込むと、分子の大きな砂糖にはもはや染み込む隙《すき》が無いのです。

このように、各手順が前後に影響を与えるということも、因果律の一種です。

醤油や味噌は長く加熱すると風味が飛んでしまうので、なるべく終わりに投入します。

作業者にとって理想的なのは、因果律が無いことです。どんな順序で行っても結果に変わりがないのであれば、順序取り違えミスの恐れがそもそもありません。**因果律を消すことが**

できれば、作業は楽になります。

古代エジプトのピラミッドやローマの水道橋をよく見てみると、同じ大きさにカットされた石でくみ上げられています。石の大きさを規格化することで、どの石を先に使っても結果に影響しなくなります。石の使用順序から、因果律の縛りを消しているのです。

因果律をあえて守らない場合もある

現実の仕事では、因果律を完全に守るべきとは限りません。

例えば、客が来てから料理を作っていては遅い場合には、客の注文を待たずに料理を始めざるを得ません。料理の手間暇と材料が無駄になるかもしれないリスクを覚悟しつつも、仕事の速さを追求することがあるのです。

因果律を守っていれば、無駄のリスクはゼロにできますが、因果律以外の方法でもリスクを最小化できます。

例えば、ハンバーグを冷凍保存しておけば、賞味期限切れになる前にいつかはハンバーグの注文がやってくるでしょう。時間に関する余裕が広がれば、因果律の拘束から解放されやすくなります。

抱き合わせ販売は因果律を壊す

因果律をわざわざ守りにくくしている悪い例もあります。

最も多く見受けられる例が、「選択肢のからまり」です。

例えば、ハンバーグ定食にはビール一杯が無料でつき、スパゲッティ定食にはデザートが無料でつくというサービスがあったとします。ハンバーグを食べたいがビールは嫌いで、デザートが好きという客は、選択に困ります。メインディッシュを選ぶという手順と、付属メニューを選ぶ手順とを、同時にこなさなければなりません。

本来は、ひとつひとつ順序よく独立に決めるべき選択肢をからませて、「あちらが立てばこちらが立たず」というジレンマを引き起こしています。こうして因果律の遵守をできなくしているのです。

無用なからまりは断ち切るべきで、メインディッシュの選択とは無関係に、「ビールかデザートのお好きな方をサービス」とすればよいのですが。

選択肢のからまりは理屈の上では避けるべきなのですが、客を囲い込みたいがために選択肢の抱き合わせが大流行しています。

例えば、家電量販店では、「このパソコンお買い上げと同時に○○社のネット契約をした方には初期費用無料」などという販売方法をしています。パソコンの契約はかなり複雑ですから、サービスをからませすぎて、何がどうなっているのか販売員すら客に説明するのに四苦八苦してしまいます。

客の囲い込みという目論見《もくろみ》の前に、手順の合理性が犠牲になり、それゆえ事務ミスも増えるというデメリットがあるのです。

（3）「意味の近さ」に応じて、手順をまとめる

状況把握には意味の並びが大切

手順にはそれぞれ意図と意味があります。これを無視して手順を乱雑に並べてはいけません。

目的や対象物に関連性がある手順同士は、隣接するように並べます。そして二つの作業をするなら、まず片方の仕事にだけ集中し、それが終わってから他方に移るべきです。

両方を少しずつ交互にこなす手順の組み立ては、通常は勧められません。自分がどこまで

作業を進めていたか分からなくなるからです。**特別な理由が無い限り、手順の混合は不可**です。

意味が把握しやすい順序は、仕事の内容や状況によって違います。

例えば、NHKのラジオの『気象通報』という番組では、全国各地の気象データを、石垣島→那覇→南大東島→名瀬《なぜ》→鹿児島→……と、日本列島の南端から北に向かって読み上げていきます。読み上げの順が南北順と知ってさえいれば、たとえ名瀬の位置を知らなくても、南大東島と鹿児島の中間にあるのだろうと推測できます。

もし、読み上げ順序が地理的位置に無関係なものだとしたら、こうはいきません。たとえば五十音順に、相川→秋田→足摺岬《あしずりみさき》→石垣島→厳原《いづはら》→……と読み上げられても不便です（資料9－4）。石垣島が足摺岬と厳原の中間にあるとは限らないからです。

資料9-4　五十音順に地名を探すことは難しい

順序の選択に無頓着で、ダメな事例も多くあります。

雑な仕事をするシステム開発業者は多数あって、住所入力用の画面で「日本」を「南極大陸」や「ジャマイカ」の次に持ってくるという奇妙なリストを作っても平然としています（資料9－5）。

資料9-5 Bad Design! 漢字コード順や英訳アルファベット順では見つけにくい

意味不明な手順は客にも失礼

意味に応じた手順整列の原則は、儀礼の観点からも重要です。客に対して店員が奉仕する際に、**たとえミスが無くても、その手順の意味が理解できないものであると、客は馬鹿にされたと感じてしまいます。**

例えば、目の前にスープ皿を置かれれば、客は「さてどんなスープが出されるのだろうか」と期待して待ちます。

ところが、ウエイターはパンを持ってきて、ワインを注ぐけれども、スープはなかなか持ってこないとしたら、無様《ぶざま》です。何らかの都合でスープ皿を早めに置いたのでしょうが、客を混乱させてはいけません。

接客では、客の意図を聞き出すことが主題となります。客の意図はあらかじめ固まっているとは限らず、接客の中で形成されることもあります。意志決定がスムーズになるように、客の立場に立って手順を設計するべきです。

例えば、あるレストランでは、全てのメニューでパンかライスかを選ぶオプションが付いているとします。この場合、全ての客に対して、必ず「パンになさいますか？　ライスになさいますか？」と尋ねることになります。

だからと言って、接客の冒頭で、パンかライスかを問うのは失礼です。枝葉末節な質問は後回しにしないと、客の思考を混乱させます。

行儀作法では、意図が分かりやすい手順を守ることを重視します。手順の意味のまとまりを明確にして、第三者にも動作の目的が簡単に見て取れるようにしています。それゆえ、迷い箸のような意図不明の動作は禁じられているのです。

（4）作業の「埋没コスト」を抑える手順にする

「行きがけの駄賃」の原理——コストを共有できる手順にまとめる

作業の各手順の間には相性があります。**立て続けに、あるいは同時に行うと効率がよいという手順の組み合わせがある**のです。

これは要するに、「行きがけの駄賃」の原理です。

「客先に出向いて集金する」という仕事のついでに、「客先でセールス・トークをする」という仕事もこなせば効率的です。

初期化や後片づけといった、製品本体にはならない尾ひれの部分にかかるコスト（埋没コスト）が共通ならば、その作業同士をまとめて実施し、費用を浮かせられるのです。

逆に、バラバラに行う方が能率がよくなる作業の組み合わせもあります。

小学校でやらされた漢字の書き取りがそうです。同じ漢字を数十回も書き取る時、一文字ずつ書いていくことは効率的ではありません。ある文字を30個書きなさいと言われたなら、1画目を30個書いた後に、2画目を30個書くという風に、シンプルな動作の30回の繰り返しにすると、圧倒的に楽で速く書けます。

これは、文字の書き順をいちいち思い出すという、初期化のコストを省略しているのです（だからといって、小学生にお勧めしてはいけませんが）。

接客での埋没コストの無駄は、顧客の心証を悪くする

埋没コストの節約は、顧客へのサービスの質に関わる問題でもあります。埋没コストが重なる作業は、顧客に対しても無駄なコストをかけます。

例えば、ある部署が顧客に電話をかけた後に、別部署や、同一グループの会社が似たような案件で同じ顧客に電話をかけることがあります。内部で話をまとめて、電話を一回に済ませて欲しいところです。無駄のお付き合いをさせられては、顧客はたまりません。

また、まとめて話せばより大きな商談に発展するかもしれない内容でも、バラバラに電話をかけていては小口の話の寄せ集め止まりです。

ことは単にコストの問題だけではないのです。

（5）「気のゆるみ」を防ぐ手順がある！

大事なことは真っ先に

牛肉を買いに行ったら、ニンジンが安売りされているのを見かけ、これ幸いとかごに入れました。帰宅してから牛肉を買い忘れたことに気付きました——。

このように、忘れてはいけない手順であっても、作業の途中の出来事次第で、「ど忘れ」することがよくあります。

我々は作業の目的を簡単に忘れがちです。**ど忘れしないように、重要な手順は先に片づけるべき**です。牛肉を買うのが目的なら、脇目もふらずに肉売り場に直行するのです。

ところで、スーパーの店内レイアウトは、肉や魚といった主菜の売り場に行く前に、野菜などの副菜売り場を通る仕掛けになっています。

客は主菜から先に買うと、それに合わせる副菜しか買わず、無駄づかいしません。そこで、わざと副菜を先に見せ、無駄な物も買いやすくさせているといわれます。

ほっとした後は注意力が無くなる――達成感は保留させる

大きな仕事の終末部でも、ど忘れに注意しなくてはいけません。「仕事が終わった」という達成感を、安易に感じさせてはいけないのです。

銀行ＡＴＭで現金を引き出す時のことを考えてみましょう。

引き出し作業の終わりに、ＡＴＭは、現金とカードと通帳を客に渡すことになります。これらの物を出す順番が問題です。現金は最後の順で出すべきなのです。

もし、現金を先に出し、カードや通帳などを後から返却する順序になっているとしたら、これはダメです。客は現金を受け取った瞬間に、「現金を引き出す」という仕事はもはや終わったと感じ、カードや通帳が出てくるのを待つことなく立ち去ってしまうからです。

仕事の終わりは、達成感を先走って感じやすくなり、注意力が緩むので、危険なのです。

> 百里を行く者は九十を半ばとす。これ末路の難きを言うなり。（『戦国策』）

したがって、達成感を感じさせる手順は最後に置くべきなのですが、しかし、諸般の都合のため手順の前後ができない仕事もあります。その場合には、セレモニーの手順を人為的に

資料9-6　作業後に一列になって見送るまでは気を抜かない

付け足す工夫が必要です。

飛行機が空港から出発するときには、地上の係員が一列に並んで手を振って見送ります（資料9－6）。この見送りの儀式は、作業上は何ら実用的な意味はありません。各自が仕事を終えたらさっさと帰ってしまっても、本当は事足りるのです。

しかし、仕事がばらばらと終わる方式ですと、末尾手順のすっぽかしが起こってしまいます。「みんなで一列になって飛行機を見送るまでは、まだ終わっていないぞ」と**達成感を保留させることで、注意力を保たせている**のです。

締めくくりにアクセントを置くことは、昔から行儀作法で指摘されてきたことです。部屋から退く時は、背を向けてすたすたと出て行っては行儀に適いません。戸口まで来たら、室内に振り返り、一礼して辞するのです。

なんだか、工場や病院での部屋退出時の安全確認にそっくりですが、そもそも行儀作法とは、安全と衛生のために培われてきたものですから、当然です。

茶道とは清潔を求めるから衛生学でもある。（岡倉天心）

第10章　氾濫する「ダメ書式レイアウト」
——書式を改良して事務ミスを防ぐ

(1)「書式レイアウト」が事務の能率を支配する

劣悪なレイアウトが事務ミスを生んでいる

事務の仕事の大多数は、書類やパソコン画面といった二次元平面に表示され、また処理されます。二次元での仕事の表し方、すなわち書式レイアウトが、仕事の能率や信頼性を支配することは当然です。

事務ミスが多発する仕事には、かならずと言っていいほど、まぎらわしい書式の書類が存

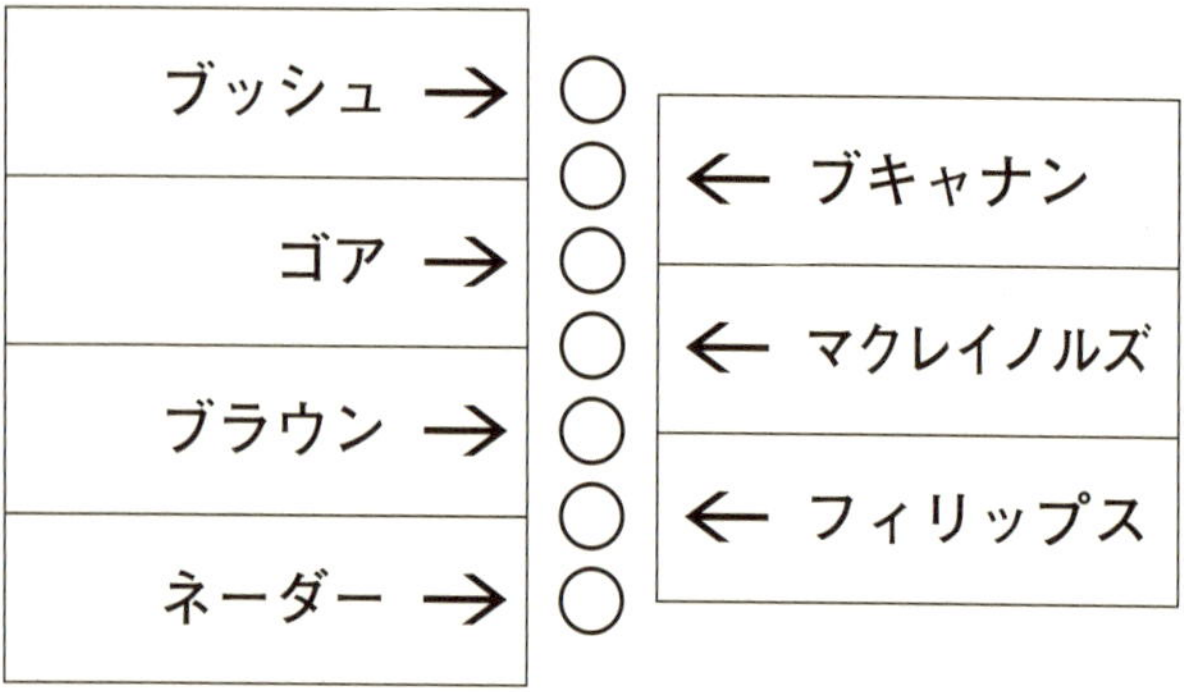

資料10－1 Bad Design!　二〇〇〇年の米国大統領選挙で問題となった投票機のレイアウト

在します。仕事の処理は書式の上で進みますから、書式がダメだと大抵ミスにつながります。

二〇〇〇年の米国大統領選挙で、投票用紙の書式が問題になりました。

この選挙では共和党のブッシュ候補と民主党のゴア候補が大接戦を繰り広げました。結局、フロリダの、ある小さな選挙区の投票結果によって、次期大統領が決まる状況に至りました。

ここで投票用紙の書式が問題になりした。米国の選挙では、機械式か電子式の投票機を使うことがほとんどです。投票機の形式が地域によってバラバラで、間違えにくいレイアウトの投票機もあれば、極端にまぎらわしいレイアウトの投票機も使われていました。

そしてよりにもよって、米国大統領の決定権を握る選挙区で使われた投票機が、最悪なレイアウトのものだったのです。

その投票機の操作盤は、資料10－1のようなレイアウトでした。

ブッシュ候補用の欄は一番上で分かりやすく問題はありません。しかし、ゴア候補用の投票欄は、本当は上から3番目ですが一見すると2番目のように誤解してしまうので、ゴア候補に不利です。

投票結果は僅差《きんさ》でブッシュの勝ちでしたが、このレイアウトによるミスの票数を考えると、本来であればゴアが大統領になっていたであろう、と言われています。

業務改善の盲点となる劣悪な書式の存在

しかし、まぎらわしい書式をとがめる人は、驚くほど少ないものです。

極端な例を挙げると、ある役所が使っていた用紙には、頻繁に必要になる記入事項のための欄がありませんでした。仕方なく余白に記入することにしていたのですが、これが記入漏れや読み取り漏れなどのミスを、当然ながら大発生させていました。

なぜ誰もこの書式を改修しないのでしょうか。

改訂のコストがかかるとか、上層部の決裁が必要だとか、レイアウト理論に詳しくないという事情もあるでしょうが、最大の原因は、**印刷された書式は、たとえ欠陥があっても、「なんとなく上手くできているように感じるから直そうとしない」**からだと思います。

我々の文明は印刷された書式の魔力にとらわれている。（ドラッカー）

歴史を見てみると、書式レイアウトの改良は遅々として進化しませんでした。紙は、大量生産が始まる前までは貴重品であり、小さな紙面に、どれだけの文字や欄を密集させて書くことができるかだけが追求されていました。

近代に入って、印刷業者が、書式レイアウト設計を専門的に担当するようになりました。そしてようやく、美しく使いやすい書式レイアウトを作り出す技法が成熟していきました。

しかし現代では事態は再び悪化しています。書式設計の素人が、パソコンを使って勝手に書式を作るので、技法や伝統を無視した、ダメな書式レイアウトが氾濫しているのです。

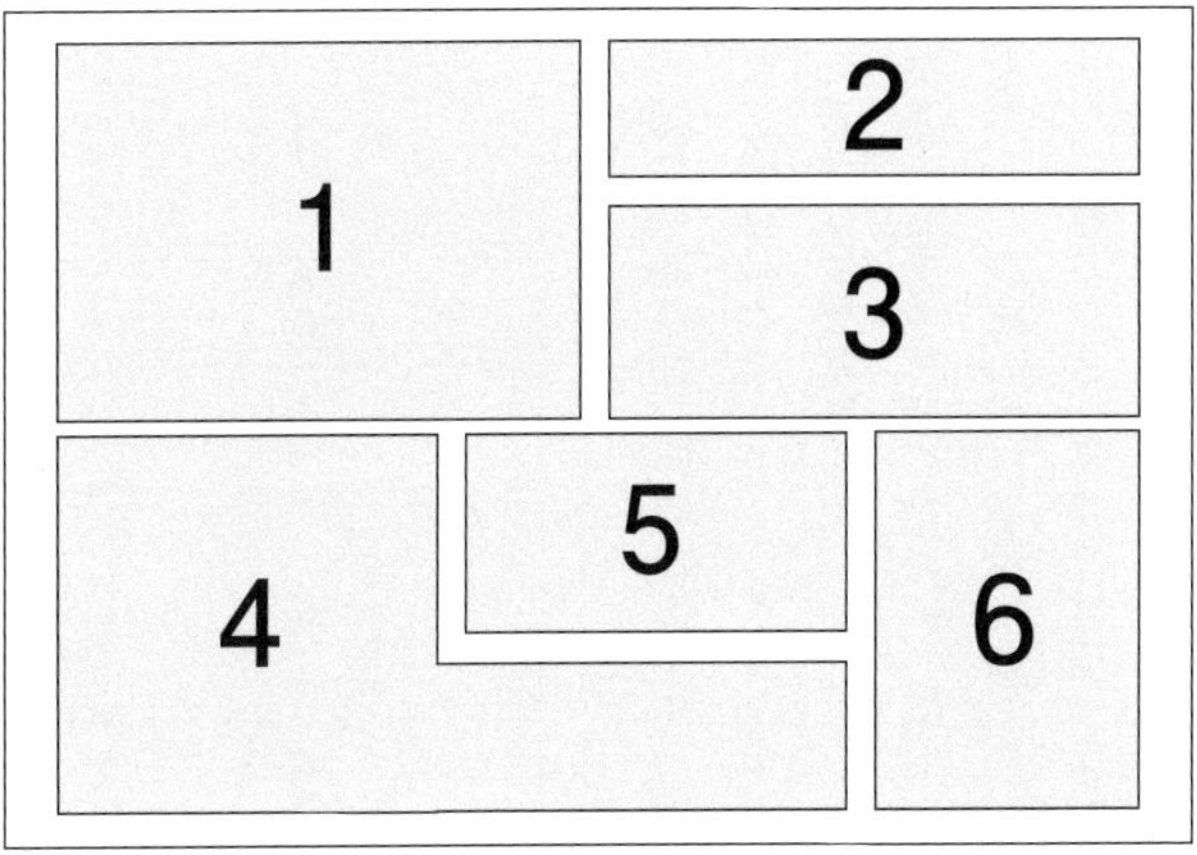

資料10-2　Bad Design!　中途半端な位置にある３や５の欄が特に読み飛ばされやすい

（２）「欄」は一列整列が基本

　申込用紙やチェックリストの類でありがちなミスは、欄の読み飛ばしと、書き飛ばしです。顧客が申込用紙に必要事項を書き漏らすミスや、事務員もそれに気付かないミスなどが、しばしば問題となります。

　その原因のほとんどが、書式の欠陥です。欄の配置が乱雑で、読むべき欄や書くべき欄を探しきれないのです。弁当箱のように欄を過密に詰め込んだ書式がしばしば使われています（資料10－２）。

　こんな書式では、欄の読み飛ばしミスが起きて当然です。特に、中途半端な位置にある

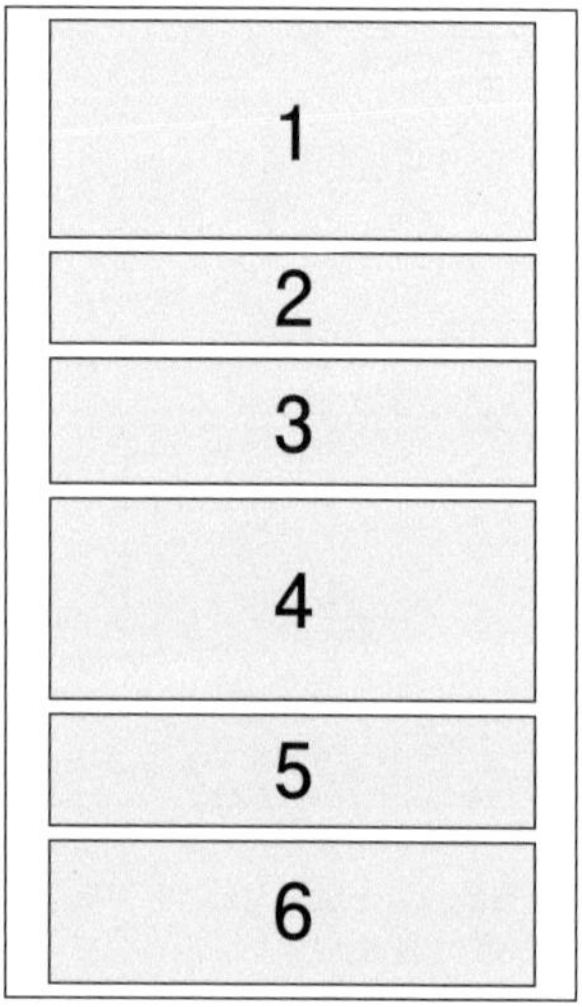

資料10－3　Good Design!　欄は書き込み順通りに一直線に並べる

欄は、読み飛ばされる運命にあります。仕切り線が迷路のようになっている書式は、中途半端な位置の欄を抱えていますから、要注意です。

　このような煩雑《はんざつ》な書式が作り出されるのには、それなりの事情があります。

　当初は、欄の数はもっと少なかったはずです。それが時を経るにしたがって、欄が追加されていったのです。申込書は、商品やサービスのバリエーションが増えるにつれて詳細になり、チェックリストは、仕事が複雑になるにしたがってチェック項目が満載されるようになりました。

　増えてしまった欄のために、紙面のどこかに場所を取らねばなりません。

　その時、既設の欄は簡単に動かせないことがあります。「文字読み取り装置の都合で移動できない欄」など、書式には様々な拘束がかかっています。そのため、新設の欄は、空いている場所があればどこでもいいからと、肩身を狭くして押し込まれるのです。

資料10－4　Good Design!　縦長の用紙が使えなくても間仕切りすればー列に

このような拘束がなければ、書式は自由に修正できます。**最も簡潔で分かりやすい書式は、欄を書き込み順に一直線に並べることです**（資料10－3）。一直線に並べるほど用紙を細長くできない場合は、資料10－4のように、適当に間仕切りをして、形を整えればよいでしょう。

（3）「ポップアウト効果」を発生させる

視覚的要素の取り合わせの妙

人間の知覚には、ポップアウト効果という現象があります。特定の部分だけが飛び出してくるように目立って見えることをいいます。

例えば、資料10－5では、「口」の字の群れの中に混じり込んだ「固」の存在が非常に目立っています。これがポップアウト効果の一例です。

ポップアウト効果を発生させるには、目立たせたい要素と周囲の要素との相性が要点です。

資料10－5では、「烏」の字の中の「焉」の文字はさっぱり目立ちません。目立ちにくいものをポップアウトさせるために背景を変更することも有力な方法です（資料10－6）。

また、図形の向きもポップアウト効果を左右します。

資料10－7では、各スイッチの状態を読み取ることが難しいですが、資料10－8のようにすれば、ポップアウト効果が効いて一目瞭然となります。

用紙も、記入者に見落としをさせないようにするには、ポップアウト効果を成立させることが必要で

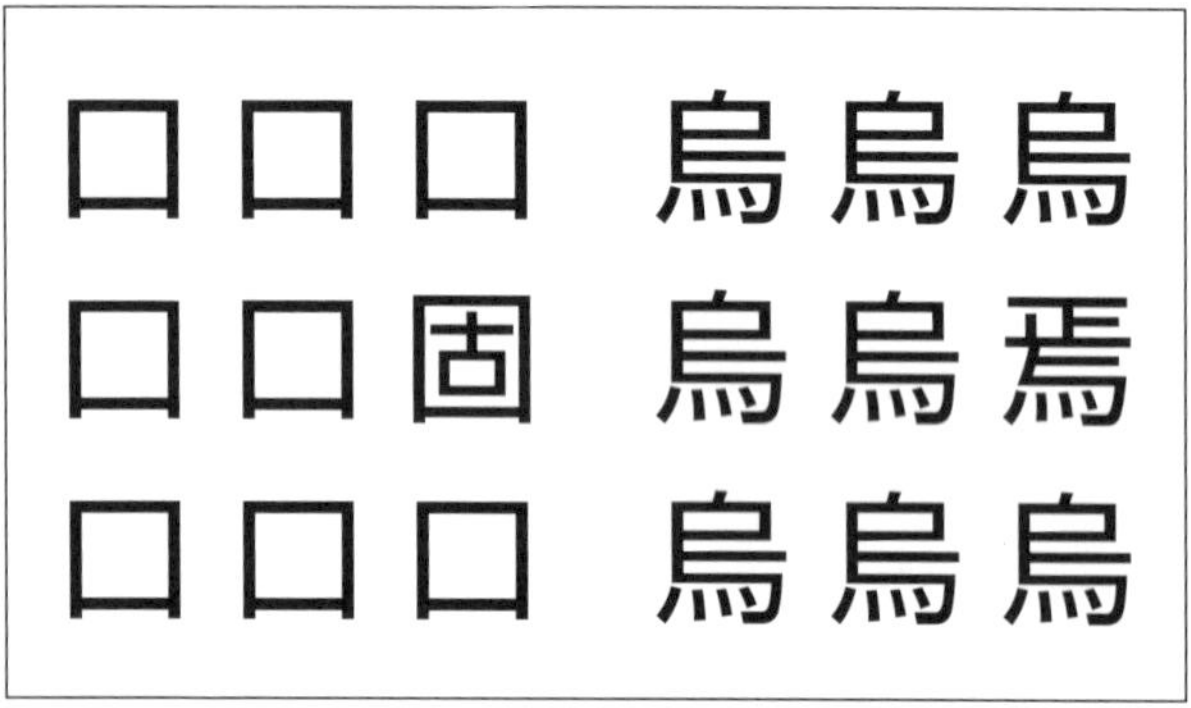

資料10－5　ポップアウト効果。左のように組み合わせの妙で特別に目立たせること

資料10-6　Good Design! 駅のホームにて乗客の存在を目立たせる背景板

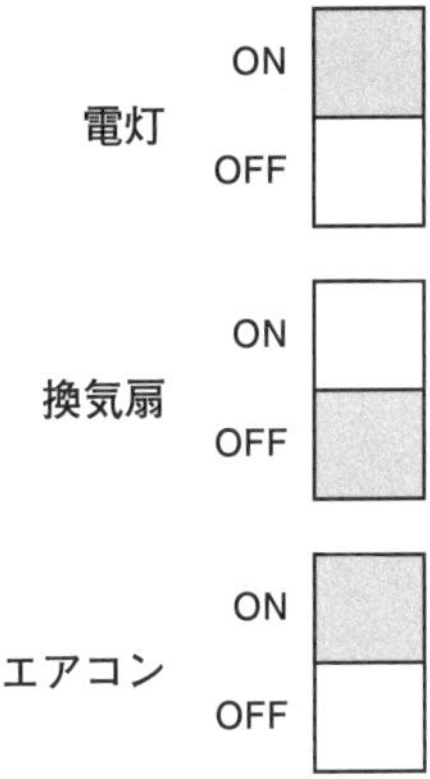

資料10-7　Bad Design! ポップアウトに反するスイッチの配置

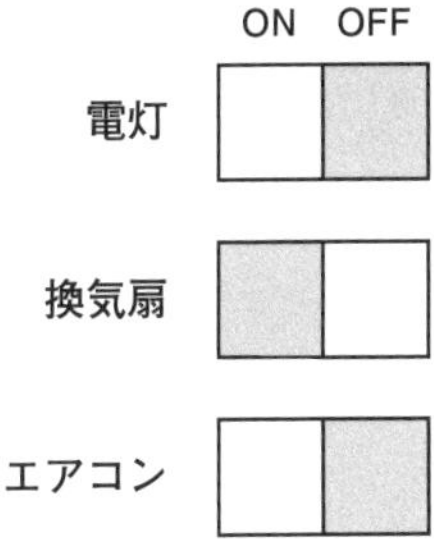

資料10-8　Good Design! オンオフ状態の確認が簡単

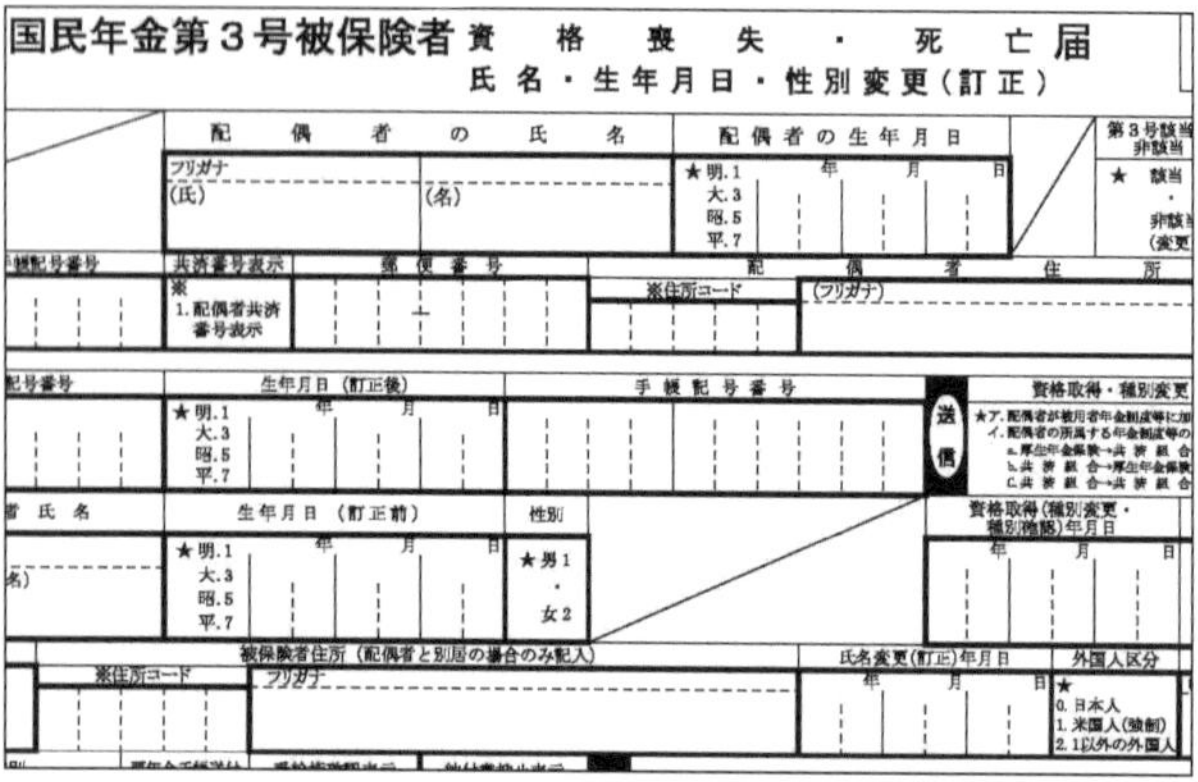
国民年金第３号被保険者 資格喪失・死亡届
氏名・生年月日・性別変更（訂正）

配偶者の氏名 ｜ 配偶者の生年月日 ｜ 第３号該当 非該当
フリガナ (氏) (名) ｜ ★明.1 大.3 昭.5 平.7 年 月 日 ｜ ★該当・非該当（変更）
共済番号表示 ｜ 郵便番号 ｜ 配偶者住所
※1.配偶者共済番号表示 ｜ ※住所コード ｜ (フリガナ)
生年月日（訂正後） ｜ 手帳記号番号 ｜ 送信 ｜ 資格取得・種別変更
★明.1 大.3 昭.5 平.7 年 月 日
氏名 ｜ 生年月日（訂正前） ｜ 性別 ｜ 資格取得（種別変更・種別確認）年月日
★明.1 大.3 昭.5 平.7 年 月 日 ｜ ★男1・女2 ｜ 年 月 日
被保険者住所（配偶者と別居の場合のみ記入） ｜ 氏名変更（訂正）年月日 ｜ 外国人区分
※住所コード ｜ フリガナ ｜ 年 月 日 ｜ ★0.日本人 1.米国人（強制） 2.1以外の外国人

資料10－9 Bad Design!　欄が密集し、年月日の桁の位置がばらばら

す。**見落としや読み違いのミスが頻発する書式レイアウトは、適切なポップアウト効果が生じないようになっているはずです。**

資料10－9は、年月日データをいくつも記入させる書式ですが、年月日欄の横の位置が揃っていませんから、年月日のチェックの際にはポップアウト効果が働きません。

また、欄は一列に並べるのが良いと先に述べましたが、この書式はその原則に逆らって、紙面の縦横に広がり、密集しているかと思えば、周囲から孤立している欄もあります。それゆえ欄の書き順が分かりにくく、記入漏れや読み飛ばしが起こりやすくなっています。

優れた書式として挙げられるのが、米国の税関申告カードです（資料10－10）。

申告物品の有無を尋ねる欄では、「はい」と「いいえ」のチェックボックスの横位置を揃えてあります。これならば「はい」のチェックの存在が非常に目立つわけです。係官はカードを一瞬見るだけでも、回答状況を把握することができます。

また、記入欄以外のスペースは地に色が塗ってあることも工夫の一つです。欄が未記入のまま残されていると、白い領域として背景から浮かび上がって目立ちます。これで記入漏れを検知できるのです。

資料10－10　Good Design!　米国税関申告カードの概略

ポップアウト効果を活かすべき事例

ある地方放送局で、こんな放送事故がありました。

その局では、キー局発の番組と、自局発のローカル番組を取り混ぜて放送しています。

その日は、キー局発のスポーツ

12：00	スポーツ中継（キー局発、30分延長の可能性あり）
15：00	番組A（キー局発）
16：00	番組B（自局発）
16：30	番組C（延長の際は休止）
……	……

資料10－11　Bad Design!　業務で使っていた放送番組表

中継番組がありました。中継を延長する場合は、以降の番組の放送時間を繰り下げることになります。

事故は、中継の延長が決まったのに、ローカル番組を繰り下げるべく機械を設定し直すことを忘れたことによって起きました。そのため、遅れて始まった前の番組がまだ途中なのに、唐突にローカル番組に切り替わってしまったのです。

放送時間を管理する担当者は、資料10－11のような簡素な番組表を使っていました。表というよりは、単にデータを文字でだらだらと打ち出したままの文書です。

これでは、簡素すぎて、作業の構造を把握するこ

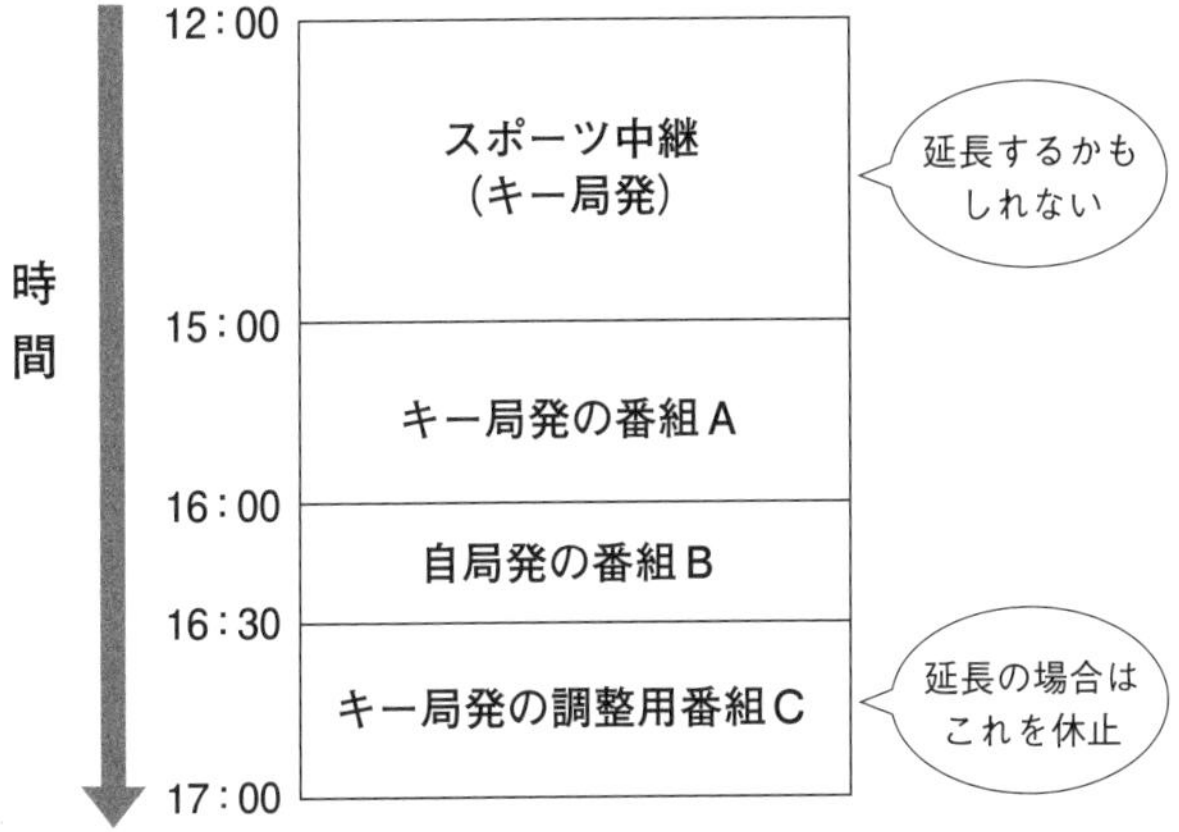

資料10-12　当初の計画を図示したもの

とができません。それゆえ、注意のしどころが分からないのです。

せめて、資料10－12のように、番組の時間幅を図上の長さに反映させた図を使っていれば、少しはわかりやすくなったと思います。

今回の事故の状況を図示してみれば、資料10－13のようになります。

とはいえ、これでは絵にしただけに過ぎず、何がいけなかったのかはいまいち分かりません。

事故の構造をより深く検討してみましょう。資料10－13に少し手を加えて、資料10－14のように整えてみます。

①キー局が管理する番組と、自局が管理する番組とを、画然と分ける。この例では左右

の位置の違いで区別した。
②延長する可能性がある番組と、その延長分を吸収するためにスキップされる番組とを、ペアにして、線で結ぶ。

この工夫によって、ローカル局の担当者が何に注意すべきであったかはっきりと浮き上がります。

○時間が繰り下げられる可能性がある番組は、ペアの線の範囲内のものだけである。
○線の範囲内に自局担当分の番組があったら時間変更の可能性があるので、そこだけ強く注意する。
○範囲外の番組や、他局担当の番組については、一切気にしなくてよい。

最初の指示書（資料10－11）にくらべれば、非常に間違えにくくなったと思います。

このように、**仕事の構造を的確に絵解きできれば、その仕事では「要するに何をすればいいのか」が浮き彫りになり、注意すべき箇所を見逃さなくなります。**

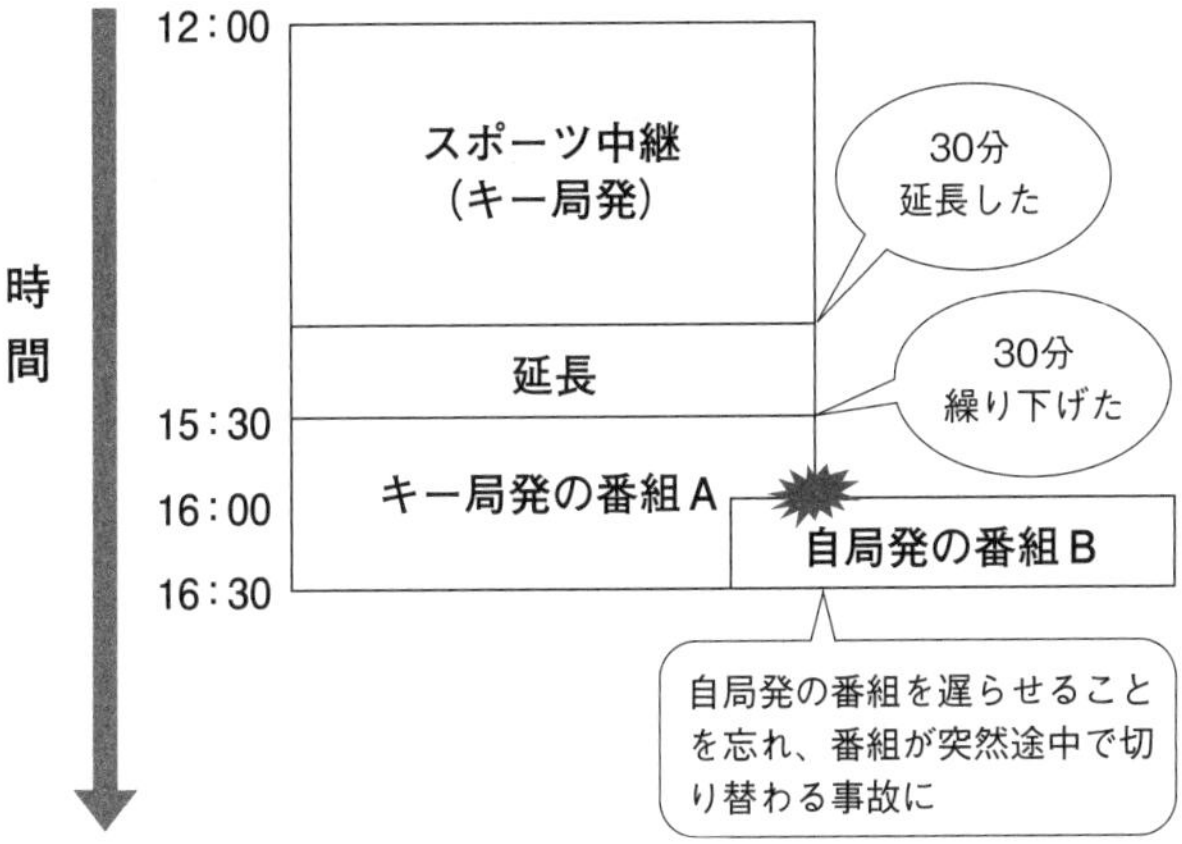

資料10-13　放送事故の図解

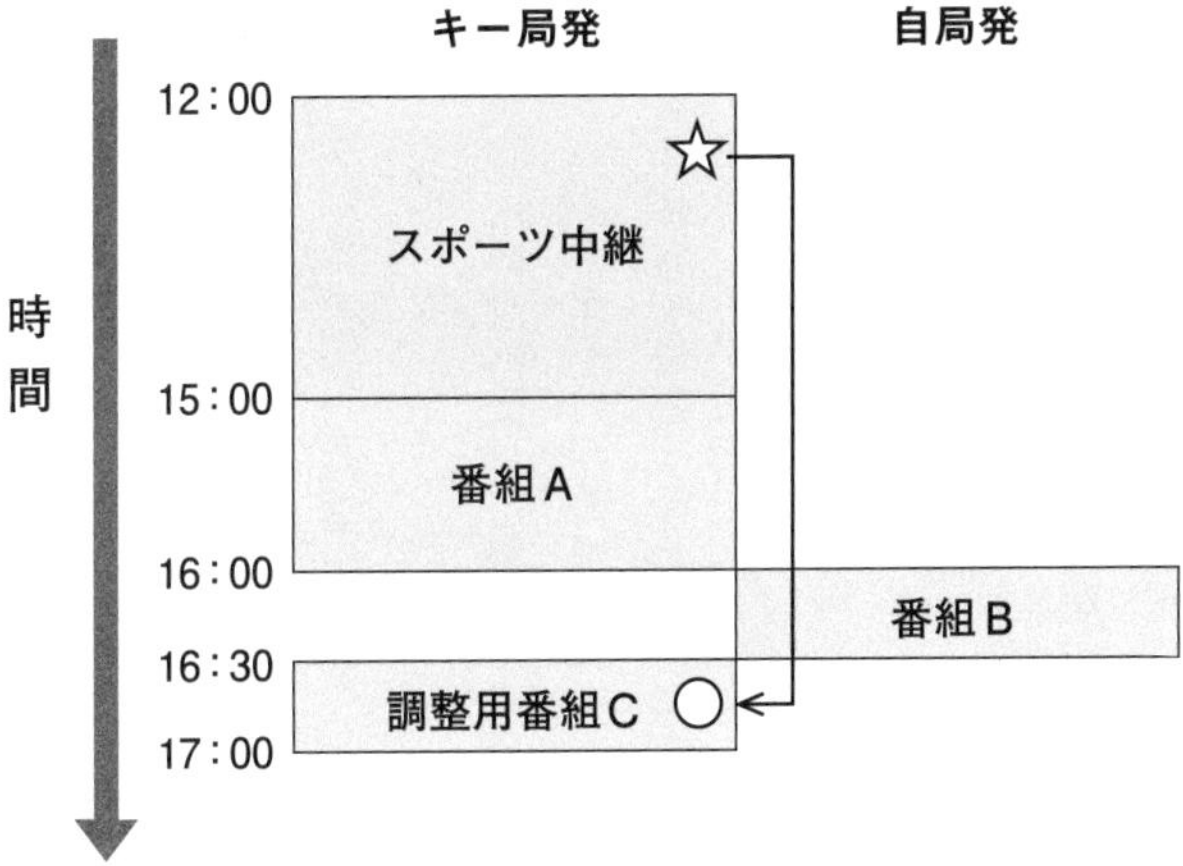

資料10-14　注意すべき箇所を浮き彫りにする図法

開始時刻	キー局	自 局	変動範囲？
12：00	スポーツ中継		◯30分延長
15：00	番組A		◯
16：00		番組B	◯
16：30	番組C		◯吸収
17：00		番組D	

資料10－15　Good Design!　表形式でも表せる

図解の絵を描くのが大変という場合には、表形式で同等の図解を作って代用してみてもよいでしょう（資料10－15）。

（4）書式に一体感を出す

仕事は時代の流れにしたがって、高度化し複雑化していきますから、その情報を取り扱う書式も、当然煩雑で過密になる傾向にあります。それゆえ、何も手を打たなければ、書式は、人間には使いこなせない、混沌としたものになる運命にあります。

ここで鍵となるのが、書式全体としての一体感です。**欄それぞれが、何らかの規則性のもとに配置されていることが、読者に分かるように**

しなければなりません。欄が意外な位置に、忽然《こつぜん》と表れるようではダメなのです。

この設計法の最初の例は、古代バビロニアに見て取れます。

西洋の星座の原型は、今から三千年以上前に古代バビロニア人が考案しました。天体観測は、暦を知り、季節性の洪水の発生を予知するために非常に重要なものでした。

しかし、満天に散らばる星を、全て覚えきることは容易ではありません（資料10－16）。

資料10－16　星の雑然とした配置は覚えきれない。この図を見ずに、これら星の配置を思い出せるだろうか？

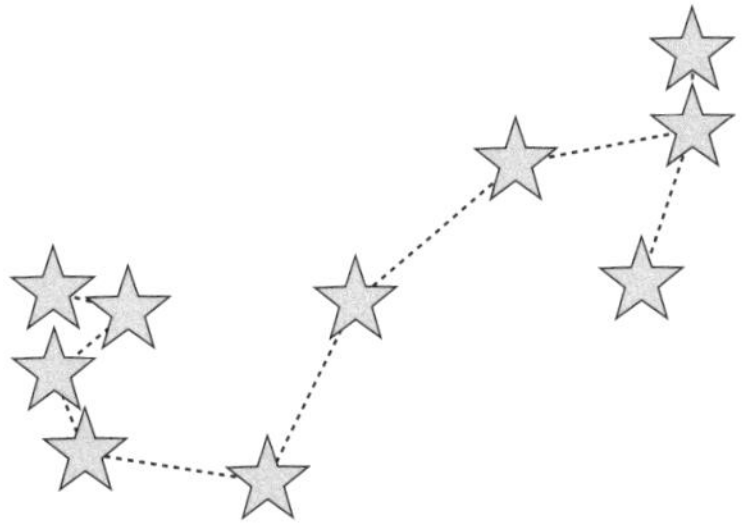

資料10－17　サソリの形に結んで星の配置を覚える

そこで、いくつかの星の集団を星座としてまとめ、その配置を絵として覚えたのです（資料10－17）。

このように、多数の要素が雑然とある状況を人間は把握しきれませんが、要素を小さなグループにまとめると、非常に分かりやすくなります。

資料10－18　要素が複数ある表示を枠で一つに囲えば視認性が良くなる

United States Representative

Republic of China Representative

United Kingdom Representative

Union of Soviet Socialist Republics Representative

Commonwealth of Australia Representative

ア

Dominion of Canada Representative

イ

Provisional Government of the French Republic Representative

Kingdom of the Netherlands Representative

Dominion of New Zealand Representative

資料10－19　Bad Design! 第二次世界大戦の日本の降伏文書における連合国代表者署名欄。行罫線だけの記入欄は間違えやすい。カナダ代表が、アの位置に署名すべきところを、イに書いてしまった

書式を設計する上でも同じで、内容に縁がある欄や文言は、ひとまとめにすべきです。

例えば、グループを四角の枠でくくる手があります（資料10－18、10－19）。

しかし、何でも四角でくくればよいというものではありません。全体に一貫する規則性が配置には必要です。

例えば資料10－20のように、欄を四角にくくって淡々と紙面に詰めていくだけでは効果がありません。

近縁性のある欄同士を近づけることは良いのですが、縁遠い欄を密着させることは不適切です。

また、欄の左右の位置に規則性があり

資料10－20 Bad Design! 最上段の右端の確認印が押し忘れられているが目立ちにくい

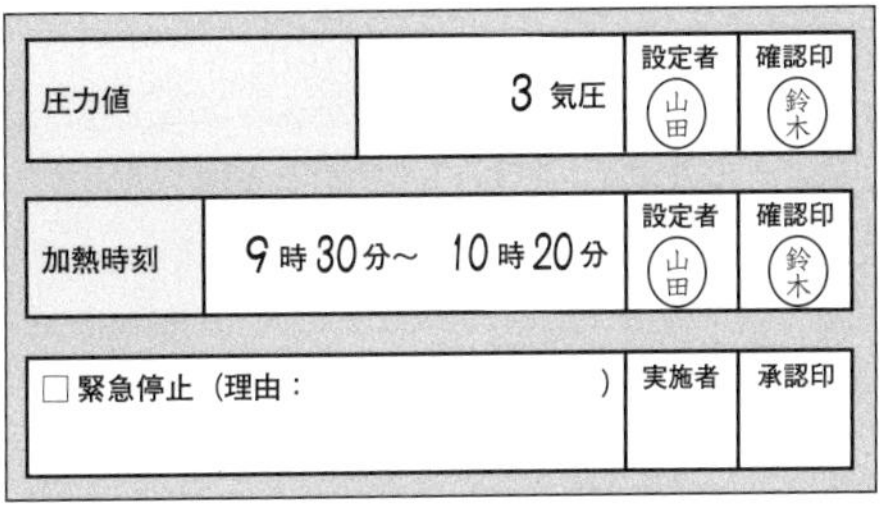

資料10－21 Good Design! 横位置を揃え、記入欄以外の部分は地色を塗った

ません。

資料10－21のように、隙間を入れてグループの違いをはっきりさせ、同種の欄は左右の配置位置も同じにすべきです。

なお、近縁性のある要素同士をグループ化すると、グループ内の個々の要素は目立ちにくくなる副作用があります（資料10－22）。

それゆえ、グループ化の際には、どの要素を一番目立たせるべきかを考え、それには特に目立つ位置を与えます。

例えば右端（資料10－21）や、左端（資料10－23）などです。

日付	宛先	発送者	内容	封筒	発送済チェック	備考
4/6	経理室	鈴木	請求書	A4	✓	
4/7	知財部	山田	書 類	A4		
4/7	経理室	山田	請求書	定型	✓	

資料10-22 Bad Design! チェック欄が中途半端な位置にあり見落としやすい

発送済チェック	日付	宛先	発送者	内容	封筒	備考
✓	4/6	経理室	鈴木	請求書	A4	
	4/7	知財部	山田	書 類	A4	
✓	4/7	経理室	山田	請求書	定型	

資料10-23 Good Design! チェック欄は一番目立つ端が良い

(5) 表の罫線を正しく使う

表とは、複数のデータを一度にまとめて記載できるように欄を編成したものです。

横書きの文書ならば、登録する案件ごとに行を割り当て、要素的事項を列に割り当てます。登録案件と要素的事項とで縦糸・横糸を形作り、情報をまとめて取り扱いやすくすることこそが、表を用いる主旨です。

単に田の字型に罫線《けいせん》を巡らせば、正しい表になるのではありません。**むしろ田の字型は表の本旨からずれていま**

A	B
C	D

資料10－24 Bad Design!　Aと帰属を同じくするのは、BかCか？

県名	県庁所在地
宮城	仙台
石川	金沢

資料10－25 Good Design!　帰属が同じものは、弱く仕切り線を入れる

す。

パソコンなどで表を作るとき、別段手を加えないと、縦横で差が無い田の字型の罫線で描かれてしまいます（資料10－24）。これでは、単に情報をつめこんだだけであって、本物の表とは言えません。

登録案件と要素的事項との区別をはっきりさせましょう。

例えば資料10－25のように、要素的事項を仕切る罫線を破線にして、登録案件の一体感を邪魔しないようにします。

また、表では数字の合計が計算・検算しやすいように、縦に並べることが重要です（資料10－26）。

この流儀は当たり前のように思えますが、意外と守られていません。資料10－27のように、数字を横に並べる

月	産地	量
4月	福島	124
5月	山形	287
6月	秋田	111
合計		?

資料10-26 Good Design! 数値の合計をする際は必ず縦に並べること

4月		5月		6月		合計
産地	量	産地	量	産地	量	
福島	124	山形	287	秋田	111	?

資料10-27 Bad Design! 合計計算が難しいレイアウト

事例が多く見受けられます。

これはコンピューターシステム開発者のやっつけ仕事の一端と言えます。

単調にデータを横に並べるプログラムは簡単に作れます。見やすい表を描こうとすると、いくらか複雑なプログラムを書かねばならず手間です。

またこれは、やっつけ仕事というだけでなく、固定観念のなせるわざなのかもしれません。

昔のコンピューターには、一行ずつしか印字できないラインプリンターが使われていました。データを横に並べて印字することしかできなかったため、そこからいつしか、「データは何でも横に並べて書け」という間違った流儀が定着してしまいました。

むやみに記入順序を右へ右へと伸ばしていく使いにくい流儀は、ラインプリンター時代の後遺症だと思われます。

(6) フローチャートを廃止して表を使う

作業では、状況によって手順が枝分かれする場合が多くあります。

手順の分岐を表す方法として、長年使われてきたのが、「フローチャート」という図法です。箱や矢印を使って、双六《すごろく》のように手順を表す図が、現在でも多くの会社で使われています。

しかし、**フローチャートには難点があり、使わない方が良いと言われています。**

このことに最初に気付いたのは、コンピューター科学者の人々でした。

この学界こそがフローチャートの産みの親なのですが、トラブルの多さに耐えかね、一九七〇年代に、「フローチャートを忌避《きひ》すべき」という認識に変わりました。代わりに表を使うべきだと気付いたのです。

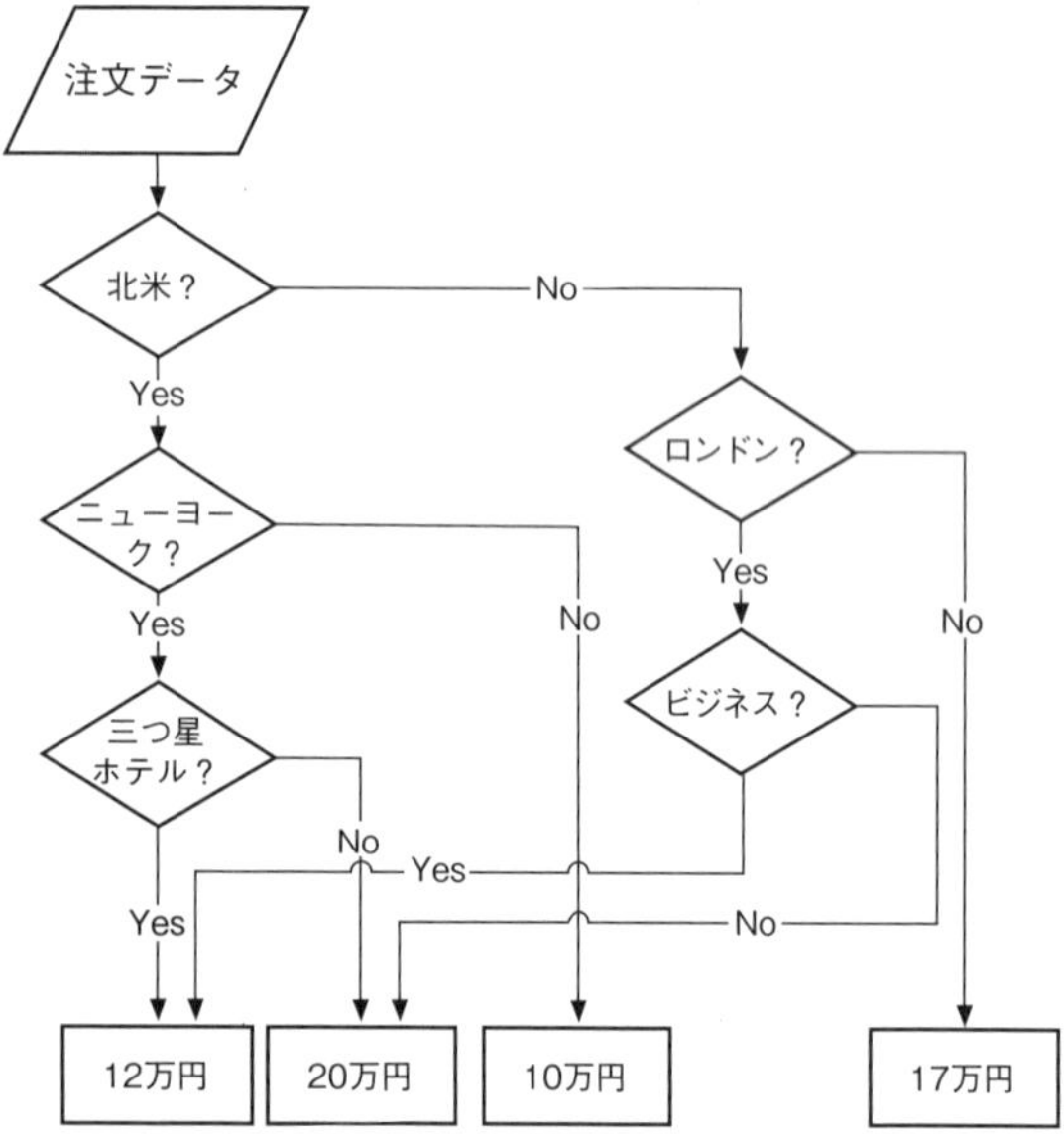

資料10－28 Bad Design! フローチャートは複雑

フローチャートのどこが欠点なのでしょうか。

ある旅行料金の判定をする業務の手順を、フローチャート（資料10－28）と表（資料10－29）の二方式で表してみます。比べて考えてみましょう。

①フローチャートは手順の進捗を間違えやすい

フローチャートでは、作業が図のどこまで進んだかをしっかり覚えていなければなりません。

しかし、作業の進みとともに、進みの位置も図上を上下左右にさ

方面	都市	プラン	料金
北米	ニューヨーク	三つ星ホテル	12万円
		五つ星ホテル	20万円
	シカゴ	ビジネス	10万円
欧州	ロンドン	ビジネス	12万円
		観光	20万円
	パリ	観光	17万円

資料10-29 Good Design! 同じ条件を表で書いた例

まようことになり、それを目で追うことは大変です。間違えると、手順飛ばしや分岐間違いになります。

表方式ならば、表示位置の縦と横がきちんとまとめられていて見やすいのです。

縦方向には、「方面」「都市」「プラン」「料金」と作業段階がまとめられており、横方向には分岐の筋が一直線に貫かれています。

②フローチャートは情報が少ない

フローチャートの中には、必要最低限の文言しか書かれていません。表方式には、例えば「五つ星ホテル」という単語が登場するのに、フローチャートにはありません。

フローチャートは、分岐するために必要最低限の情報しか持ち合わせないのです。

こうした情報の少なさは、作業者の理解を妨げ、作業ミスが生まれる下地となります。

③フローチャートは構造が乱れる

フローチャートは、よほど慎重に描かない限り、作業の構造を乱雑に表してしまいます。フローチャートはどんなに複雑な分岐でも書き表せるという長所を持っていますが、それがゆえに、**シンプルな構造でも複雑に描いてしまう恐れ**があるのです。

ここで挙げた例で見ても、表方式ならシンプルであるのに、フローチャート方式は相当に込み入っています。

また、新しい分岐を追加するとか、細部を改訂するという時に、表なら簡単に追加や修正ができるのに対し、フローチャートは大がかりな描き直しが必要です。


世の中のほとんどの業務には整然とした構造があり、それは表方式で表すことができるということに、一九七〇年代のコンピューター科学者達は気付いたのです。

フローチャートでしか書き表せない、奇妙で複雑な手順分岐を持つ業務を空想することはできます。しかし、**現実の仕事というものは、ほぼ全て表方式で表せるものであり、また表すべきなのです。**

(7) 符号化を廃止し、意味を前面に出す

符号化とは、物事を数字や短い記号で表すことです。

【符号化の例】
元号を、次の選択肢の中から選び、数字でお答え下さい。
1：明治　3：大正　5：昭和　7：平成

符号化は、人間にとってはあまり意味のない手間ですが、昔のコンピューターにとっては必要でした。

昔のコンピューターは大量のデータを取り扱えませんでした。それゆえ、事柄を何でも一文字で表そうとしたのです。その過程でまぎらわしい符号化も発生しました。

【まぎらわしい符号化の例】
あなたの血液型を、次の選択肢の中から選び、記号でお答え下さい。
A：A型　B：B型　C：O型　D：AB型

次の例は、現役で使われている符号化の実例です。「なぜ今さら、数字を入力しなければいけないのか。ボタンをクリックするようにすればいいのではないか」と感じることでしょう。

行う作業を次の選択肢の中から選び、数字でお答え下さい。
11：氏名変更　12：生年月日訂正　13：性別訂正　17：転居　18：転入

例えば、「1253305 09」は、「生年月日を昭和33年5月9日に訂正せよ」という意味になります（3文字目の「5」は、前ページ掲載の約束によれば、「昭和」を表すというわけです）。

このような数字による命令では、意味がより読みづらく、入力内容が正しいかどうか簡単にはチェックできません。符号化によって肝心な異常検知力を損なってしまいます。

このような時代遅れの過度な符号化は廃止すべきですが、いまだに残存しています。

ひとつは、コンピューターシステムの更新が簡単にはできないという、先に述べた「レガシーシステム問題」があります。

また、符号化に慣れたベテラン作業員は、簡単なキー押下《おうか》で素早く入力できるメリットを捨てたがりません。異常検知力を損なうという符号化の害悪を、軽視しているのです。

したがって、入力ミスを防ぐには、「異常検知力」が大切であることを説き、認識を改めてもらうことが、符号化の廃止には必要になります。

第11章　「ミスに強い」組織に変える

（1）統計データに基づいた対策を取る

大事故や珍事故に目を奪われやすいが……

死者が百人を超えるような大事故は、長きにわたって報道されつづけます。

しかし、死者の数が問題というなら、交通事故の方がはるかに大きな脅威のはずです。**脅威がどんなに大きくても、珍しくなければ、人間は関心を失ってしまう**のです。

業務の改善においても同じ事が言えます。単発の大事故や珍しい事故に関心が向き、改善の対象として取り上げられやすい傾向があります。その陰で、数が多いありふれた事故は軽視されてしまいます。

例えば、建設現場では、作業員の転倒や転落という昔から繰り返されてきたパターンの事故が一番多いのですが、件数に見合うほどに恐れられているとは限りません。足もとを確認しないで、危ない所を近道して歩いたり、命綱をかけることを面倒くさがる作業員が存在します。

業務改善は、必ず統計データに基づかなければなりません。被害を多く出しているトラブルや事故パターンから、優先して着手しなければいけないのです。

事故原因のパレートの法則

ごく少数の要素が全体の大部分を生み出しているという状況が、世の中にはしばしばあります。これをパレートの法則といいます。

私の経験から言えば、事故にもパレートの法則がはたらいています。つまり、次のような関係が成り立つことが多いのです。

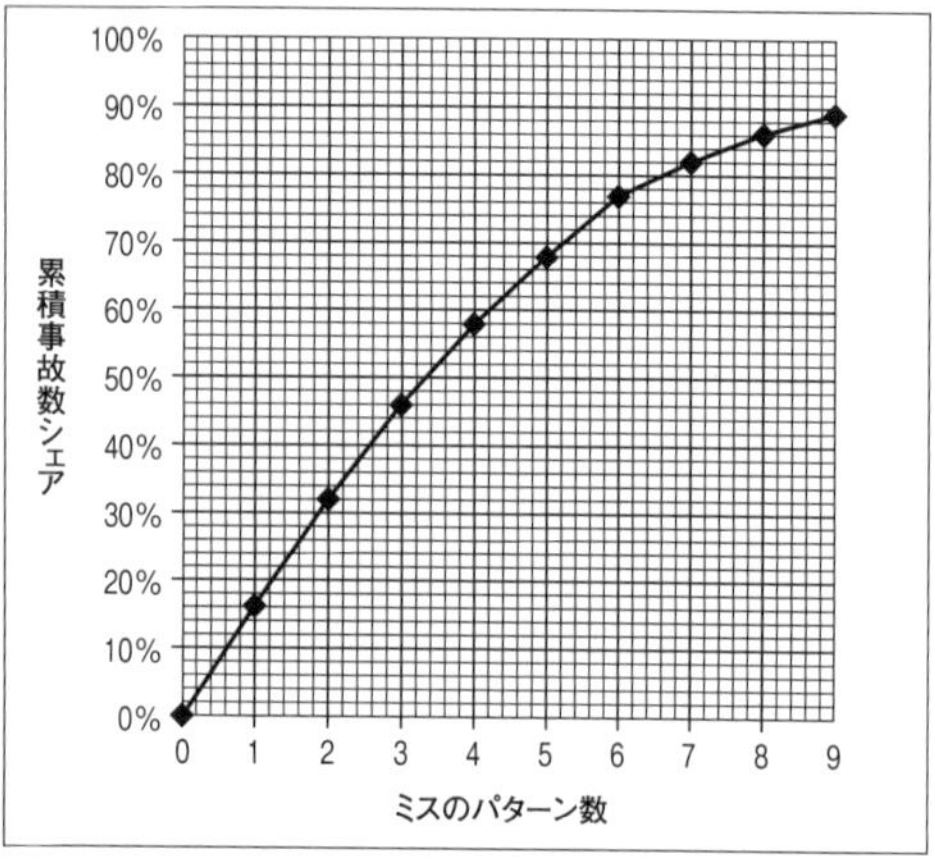

資料11-1　ある会社での事務ミスのパターンと事故数。ワースト3のミスパターンを克服するだけでミス半減が見込める

○事務ミスの全パターンの中の3割が、トラブルの7割を生み出している。
○全仕事手順中の3割で、トラブルの7割が発生している。

割合の数字は、パターンの定義の仕方や業務内容の違いによって差があるものの、パレートの法則が成り立つ傾向は共通しています。

パレート法則下であるがゆえに、統計に基づく改善の意義はますます強くなります。**被害が特に多い事故パターンを数個改善するだけで、事故は大幅に減らすことができる**からです（資料11－1）。

平凡でも数が多いミスから、改善に着手するのが正しいのです。

（2）「三現主義」――答えは現場にある！

百聞は一見にしかず

ミスの対策を考える人は、必ず現場に足を運ばなければいけません。**現場に行き、現物を見て、現実を知ることが肝腎なのです。これを「三現主義」といいます。**

「百聞は一見にしかず」のことわざが存在するように、三現主義は昔からありました。

千利休が門弟たちに「瀬田の唐橋の擬宝珠《ぎぼうし》の中で見事な形のものが二つあるが、ご存じの方はいるか」と問うたことがありました。門弟たちがそれについて話し合っている間、古田織部《おりべ》だけは即座に馬を蹴立てて瀬田まで見に行ったといいます。

ガリレイは造船所での作業を見て、本に書かれている力学理論が間違っていることに気付きました。現物を見てみないことには、本をそのまま信用できないものです。

それゆえ、『百科全書』の編纂《へんさん》者であるディドロは、工芸に関する項目の執筆担当者に、必ず職人の工房に出向いて取材することを課しました。

現場に行かなくとも事故の報告を読むことはできますが、こうした報告はあまり役に立ちません。

伝聞情報は現実のごく一部しか伝えていません。いくら報告者が公平に努めてみても、報告書には、彼の関心が向いた事柄だけが、報告者の主観で評価されて記載されているものなのです。実際に現場を訪れると、報告書で得た印象とは大きく異なる感想を得ることが普通なのです。

また、現場、現物、現実からは、考えさせられることが多いものです。単なる原因究明や犯人捜しだけではなく、より広く根本的な改善策が無いものかと考えが深まっていきます。

日本の航空会社は大事故の残骸を安全啓発用に保存し公開しています。

事故原因の究明が終わってしまえば現物には用がないと考えるのではなく、安全の発想の種として、あえて残しているのです。

社内をふらっと見て回る

「VIPがわが工場にご視察にいらっしゃる」となれば、工場長は分刻みのスケジュールを組んで、きっちりお膳立てするものです。見られるとまずい所は視察ルートから外し、見られるとまずい物は空き部屋の中に詰め込む、という工作がしばしばなされます。

ＩＢＭのＣＥＯだったガースナーが視察した時は、彼が通る廊下だけ、ペンキがきれいに塗り直されていたそうです。これでは、ＶＩＰは良いところしか見せてもらえず、裸の王様になってしまいます。

「ご視察」は三現主義とは全く異なるものです。**現場を見るには、抜き打ちで気まぐれなコースを歩み、閉ざされた扉を自発的に開ける探求心がなければいけません。**

サントリーの創業者、鳥井信治郎は、工場にやってくると自分でドブ板をはがし、「掃除がなっとらん！」と注意したといいます。これくらいの意気が求められます。

また、見て回るのがＶＩＰだけでは、業務改善の効果が発揮されません。他部署の従業員やその家族、さらにできれば一般の人々も、現場を見学する機会があれば良いのです。

米国のサウスウエスト航空は、〝Walk a mile in my shoes〟（プレスリーの曲のタイトルで「わたしの立場に立ってみて」という意味）という名前の、社内の他部署体験プログラムを行いました。参加者は、休日に他部署を訪れて仕事を体験し、そこで人々がどのように働いているのか、そして会社全体としてどのように支え合っているのかを知ることができたのです。

自分の部署が何をしてあげれば他部署が助かるかが分かれば、部署同士は協調し、会社全

実験日	照明 明るさ	生産量
9月13日	100	112
10月25日	75	113
12月6日	60	115
12月27日	50	116
1月17日	40	117
2月28日	25	114
3月1日	100	116

資料11-2 ホーソン効果。どんどん暗くされても、作業者は前回記録を超えようとがんばる

体としてミスが減り能率が上がることでしょう。

ホーソン効果――人間は注目されると頑張る

仕事場をオープンにして、いつでも上司や同僚、第三者に自分の仕事を見られる可能性を作り出しておくと、「見られているかも知れない」という緊張感を作業者に持たせます。これを「評価懸念」といいます。

評価懸念が常に存在しているならば、「見られても恥ずかしくない仕事をしよう」と思います。店頭で麺を打つ様を見せる蕎麦《そば》屋や、オープンキッチンスタイルのレストランでは、料理人は仕事に手が抜けませんから、丁寧になります。

評価懸念によるモラルやパフォーマンスの向上のことを、「ホーソン効果」と呼びます。

ホーソンとは、この効果が発見された工場のある町の名前です。

昔、その工場で、照明が暗くなるとどれだけ仕事が遅くなるかを調べる実験が実施されました。普段は大部屋で机を並べて仕事をしている作業員を、別室に呼び出して測ったところ、悪条件にもかかわらず、作業速度が普段よりも速かったのでした（資料11－2）。

大勢の中なら、自分の作業速度が多少遅かろうが速かろうが目立ちませんし、工場全体の生産量に大差ありません。

しかし自分だけ個別に注目されると、少しでも速く丁寧に仕事をして、良いところを見せようという評価懸念が発生するのです。

また、オープンな仕事場では、その部署の業務の問題点が明け透けに分かります。仕事で難儀している様を隠せないからです。

要改善のポイントの把握のためには、第三者にどんどん見せることが一番です。「改善すべき点を文書で報告せよ」と形式張った調査をしても、報告は面倒くさいですから、ほとんど情報は出てきません。

（3）報告を奨励し、データを活かす

事故報告・ヒヤリハット報告制度が「使えない」理由

「事故報告制度」や「ヒヤリハット報告制度」「業務改善提案目安箱」のように、現場の方から自発的に問題点を本部に報告する制度は、多くの企業で実施されています。

しかし、形ばかりで報告数がほとんど無い、という事態も多いようです。

報告を増やそうと現場に指示すると、今度は報告が多すぎて読み切れない、という事態に陥ります。

報告書の質もばらばらです。同じ事象であるのに、全く違った報告文面になることがあります。報告データを集計しようとするならば、細部まで読み込んで分析しなければいけませんが、それは大仕事です。

報告書は顛末《てんまつ》書のように書かれることが多いので、「すみません。原因は注意不足でした。再発防止のために周知徹底を行いました」程度のことしか書かれていないことがしばしばあります。

注意力不足と周知徹底は、どんな事故の報告でも使える便利な文言です。事故の詳細を描写して、対策に知恵を絞るよりも、この文言で報告書を埋めてしまえば楽、という安易な考えなのです。

ですから**報告書では、「注意不足」や「周知徹底」という言葉は、使用禁止にするべき**でしょう。

報告を上げやすくする

本当に使えるヒヤリハット報告にするには、次の5つの要件が必要です。

○手間がかからずに報告できること
○ミス報告に罪悪感や不利益感を感じさせないこと
○報告内容が要点を押さえていること
○報告数が多く、報告し忘れがないこと
○報告の集計と分析が簡単なこと

いつ	どの業務の	何が	どうした	どう対応した	誰が対応した	担当者コメント
9/2（月）9:00	販売	型番入力	記入相違	再処理	田中	了解（佐藤）
9/3（火）13:21	販売	型番入力	在庫数が不整合	販売は実行	鈴木	調査します（佐藤）
9/9（月）11:12	納品	受領書受け取り	印鑑持参忘れ	再訪問	田中	了解（佐藤）

資料11-3 できごと報告表

これらの要件を満たす方法として、5W2H方式の簡易報告があります。

「いつ」(When)、「どこの」(Where)、「何が」(What)、「どうなっていた」(How-it-was)、「どう対応した」(How-react)、「誰がした」(Who)、「担当者コメント」(Why-happened)の7つの項目について、順に欄を埋めていくだけのものです。

資料11－3のように7項目を書き込める表を、作業室や装置ごとに貼り付けておき、トラブルが起きるたびに気づいた人が記入するのです。あるいは、パソコン上に7項目の欄を用意して電子的に報告するのでもよいでしょう。

この方式なら記入は量が少なく、何を書くべきかも指定されていますから、簡単です。それゆえ、普通なら報告をためらうような小さな出来事でも記入します。**実害がほとんど無いミスでも、何か大きなミスを引き起こすリスクの前兆かもしれません。**些細なミスであっても、報告件数が多ければ、その仕事は改善の必要が大なのです。

報告の集計と分析は、データの並べ替えを使うと簡単にできます。報告データを表計算ソフトでまとめます。そこで、例えば「いつ」の欄を基準に報告データを並べ替えれば、どの時間帯に事故が多いかが見て取れます。こうして、リスクの多い仕事を探知します。

通達は読みやすくシンプルに

報告を分析して得た教訓を現場に還元するために、「通達」が出されます。規則の改正から、仕事をする上で役に立つノウハウ、単なるお知らせまで、様々な情報が通達として出されます。

しかし、通達は出していれば大丈夫とは限りません。

> 法律が増えると、盗賊も増える。（老子）

増えすぎた通達を現場が読破できず、かえって困惑することもありえます。
通達は、読者に「読もう、やってみよう」という気を起こさせなければ失格です。「従業員は通達を読み、従うのが義務」という建前はありますが、だからと言って何の工夫もなく難解な通達を出していては効果はありません。

教育工学のケラーの「ＡＲＣＳ理論」によれば、次の４つの「ない」が通達を無力化するのです。

○「**つまらない**」……文字だらけで堅い言葉の通達を渡されても、興味が起こらない。
○「**自分に関係が無い**」……自分の仕事においてどう使うのか不明である通達は、慎重に読む気が起こらない。
○「**自信が無い**」……難しくて守れそうにない通達には、やる気が起きない。
○「**できてもうれしく無い**」……やっても達成感が得られない通達は、やりがいがない。

これらの「ない」を、「ある」に変えなければなりません。それには、読者の心理をフォローする工夫が必要です。

○「**面白そうだ**」……言葉をやさしくして、図解を増やす（資料11－4）。

○「**使えそうだ**」……通達を条文として述べるのではなく、読者の立場に立って、どの場面でどう使うのかの手順を説明する。

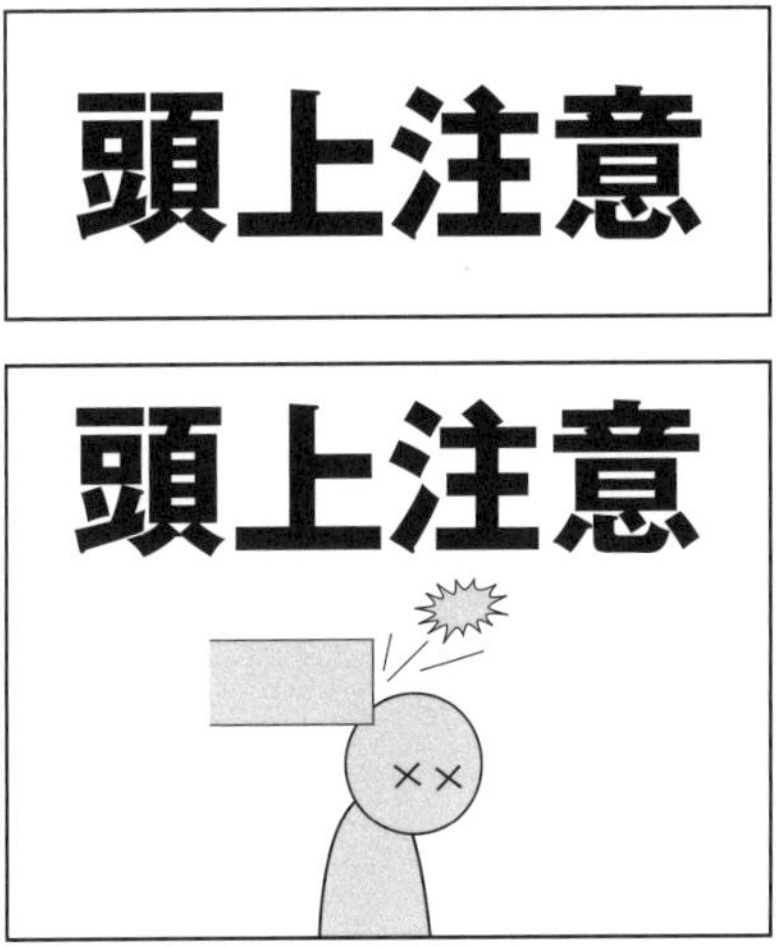

資料11－4　ちょっとしたイラストを添えるだけで大いに理解を助ける。上図に比べ、下図は理解が速い

○「**やればできそうだ**」……いきなり難しいことを要求するのではなく、移行期間や許容誤差などの余裕を与え、簡単なレベルから始める。

○「**できたら楽しそうだ**」……通達の目的や意義を教える。コンテストを開いて、優秀者を表彰する。

（4）通達の膨大化を食い止める

ある程度大きな規模の組織になると、本部から現場へ向けて、毎日何十通もの通達が出されて、多すぎて読破しきれないということもしばしばあります。

そもそも通達とは、システムやマニュアルを補完するためのものであって、緊急を要する事項に限って伝達すればよいはずです。

「今日からコンピューターの使い方が変わりました」という通達を書くよりは、そのコンピューター自身が新しい使い方をガイドすれば良いのです。

こう考えれば、通達は実際にはもっと少なくできるはずです。

とはいえ、通達は増え続ける運命にあります。業務の多様化と外部環境の変化とが相乗効果をなして、通達本数を増やしています。

情報の洪水は、ひとまずは、情報発信者の努力で鎮圧したいものです。

第二次世界大戦中、イギリスのチャーチル首相は、自分に送付される文書の膨大さにしびれを切らし、ついにお触れを出しました。

○どの文書も1ページ以内に納めること（書ききれない場合は、詳細情報へのアクセス方法を付記すればよい）。
○要点を箇条書きする。
○明確に言い切ること（何をすれば良いのかが曖昧《あいまい》な指示や、「ご参考まで」の情報を書かない）。

チャーチルの指示は、新聞の作り方と同じです。新聞では、どんな大事件であっても、わずか10文字以内で表そうとします。10文字を超える大見出しはほとんどありません。

もちろん、大見出しだけでは情報が足りませんから、その脇に20字弱の小見出しを付け、さらに脇に百字程度の要約文（リード）を添えます。最も詳細な情報は本文に書きます。

新聞の読者は、まずは紙面上の大見出しだけを見て、どのようなニュースがあるかを一望します。興味があるニュースがあれば小見出しやリード文を読み、詳しく知りたいと思ったときにはじめて本文を読むのです。

社内通達も同じで、紙面や画面をパッと広げて、今日はどんな通達があるか一望できるよ

うにすべきなのです。それには、表題が、短いながらも要領を得たものでなければなりません。

例えば、「発注システムの手続き変更について」という表題では、内容を示唆するところが少なくてダメです。新聞風に、「即時の発注可能に——新発注システム」と、最大のセールスポイントを冒頭に持ってくると良いでしょう。

新聞の真似をするにはやや工夫が必要ですが、慣れれば案外簡単です。どの職場にも新聞はあり、お手本が何十個も掲載されているのですから、それを真似ればよいのです。

(5) マニュアルは手順主義で書く

作業の規則や手順を書き表す場合、「手順主義」と「概念定義主義」の二つの方式があります。手順主義は、手順その1、手順その2……と順を追って作業を説明するものです。非常に読みやすいので、マニュアルはこの方式で書くべきです。

もっとも、一通りの手順しか説明できないので、対応範囲が狭いという欠点があります。

概念定義主義は、「AはBができる」と、作業に関係するものごとの内容や権限を定義することで、全体を説明しようとするものです。この方式で書かれると、読み解くことが難しくなります。

しかし、手順を固定しない分、対応範囲が広いというメリットがあります。少し条文を書くだけで、様々な事態に通用するルールを書けるのです。

それゆえ法律は、この方式で書かれています。マニュアルをなるべく短く書きたいと願う人は、しばしば概念定義主義で書きたがります。

とはいえやはり、**概念定義主義でマニュアルを書くことは避けるべき**です。

それぞれの方式で書いたマニュアルを比べてみると、その差は歴然とします。

【手順主義のマニュアル】
手順1：お湯を沸かす。
手順2：蓋を開ける。
手順3：麺にお湯を注ぐ。
手順4：3分経ったら、麺を食べる。

【概念定義主義のマニュアル】
消費者は、熱湯で作ることができ、麺を食べることもできる。
カップラーメンとは、容器に格納された麺である。
容器の蓋は、消費者によって開かれる。
麺は、熱湯を注ぐことによって3分で食べられる状態に変化する。

(6) 文書を仕分けして管理する

仕事では、多種多様な情報を扱わねばなりません。情報のハンドリングを誤れば、すぐにミスにつながります。

仕事の件数が多く内容も雑多な職場では、ちょっとした情報を書き留めていくと、たちまちメモ帳や掲示板があふれかえり、収拾がつかなくなることもしばしばです。

なんでも一緒くたに書き留めていけばいいのではありません。**情報の性質に応じて、書き留める場所を区別するのがコツ**です。

何に関する情報か	誰が知るべきか	グループ共有
個別の物体や場所	個人	対象物に直接メモを書き込んだり、貼る。
	グループ同僚	対象物に所定の様式に則ってメモを貼る。
個別の仕事（ToDoリスト。残務として残っている案件と締め切り）	個人	タイムアラーム付きの個人用メモ帳に書き込む。
	グループ同僚	タイマー付きの掲示板に書き込む。
特定の仕事だけに帰属しない共通情報、共通規則	個人	職業用手帳や必携ハンドブックに書き込む。
	グループ同僚	マニュアルに組み込む。 標語にして暗記を助ける。

資料11-5 情報をどこに書き留めるか

情報には、案件個別的か共通的かという違いがあります。特定の案件だけに関する情報は、その仕事に荷札のように密着するように書き留めるのが正しいのです。

抽象的な仕事の場合は、密着させる対象物がありません。

しかし、こうした案件も、締め切り時間などの属時間的内容は持っているはずです。

それゆえこれらの情報は、案件の締め切り時刻が近づいたら教えてくれるように、アラーム機能を持った電子メモ帳やコンピューターに記録するのが適切です。

どの案件にも共通する情報は、仕事のルールと見なすべきものですから、マニュアルなどの冊子体に書き入れるべきでしょう。

また、情報には、個人にしか関係しないものか、あるいはグループの同僚も使う共有情報かという違いもあります。

個人用情報は、手帳など各人が持ち歩けるものに書くと便利です。個人用ですから我流の書き方でも一応は大丈夫です。

共有情報は、掲示板など、誰でも同時に見られる場所に書きます。他人が読んでも誤解の無いように、書き留める項目についてあらかじめルールを決めておくとよいでしょう。

あとがき

二〇〇一年一月に、静岡県焼津市上空で、二機の飛行機が空中衝突しかけるというニアミス事故が起こりました。

この状況を担当していた管制官が、業務上過失傷害罪に問われていましたが、一審の無罪判決、二審の有罪判決の末、二〇一〇年十月に最高裁は、一名の裁判官が反対したものの、上告を棄却、すなわち有罪としました。

管制官が間違った指示をしたことが罪であるというわけです。

この事故は、ヒューマンエラーによる事故の代表例として取り扱われていますが、本当にそうでしょうか。

全く反対で、そもそもミスが無いのに「ミスによる事故」に仕立て上げられてしまった事件だと、私は考えています。

この事故を単純化して言えば、ほとんど同じ高度を飛んでいて、そのまま進むと衝突してしまう二機に対して、間違った管制指示となりえるのは、

①何も指示しない

②両機ともに下降を指示する

③両機ともに上昇を指示する

の3通りしかありません。

管制官がこんな馬鹿げた指示をするわけはありません。実際には、一方の飛行機に下降を、他方には転舵《てんだ》を指示し、両機が離れるように指示していたのです。これは適切な指示であって、断じてミスではありません。

まさにカフカの『審判』を地でいく話で、被告がそもそも何のいわれで裁かれているのか、誰も関心を持たずに、裁判手続きだけが淡々と進んだわけです。

「カフカ・テスト」というものがあるそうです。政府への申請にまつわる事務作業はややこしく繁文縟礼《はんぶんじよくれい》が常ですが、これは非関税障壁の一種とも言えますから、なるべく簡単にしようという取り組みが各国で進められています。ベルギーで使われている繁文縟礼検査法には、カフカ・テストという名前が付けられています。

カフカは、安全と深く関わった仕事をしていました。カフカは民間の保険会社に勤務したのち、半官半民の「ボヘミア王国プラハ労働災害保険局」に転職します。

今や、工場や工事現場、単車の運転で安全ヘルメットをかぶることは当たり前の義務になっていますが、ドラッカーによれば、安全ヘルメットを発明したのはカフカその人だそうです。カフカは、彼の文学作品もさることながら、死亡事故を大幅に減らしたという点で、人類に大きな貢献をしていたことになります。

「間違いに理屈が通用しないということは理屈に合っている」と劇作家のコルネイユは言いましたが、だからといって間違いを理論的に考えることを諦めては、ミスや事故はいつまで経っても減りません。

事務ミスの呪縛《じゅばく》から逃れるためには、カフカのように、間違いという「不条理の世界」に潜入し、何がおかしいのかを公平に観察し、実際に効果のある具体策を編み出す努力が必要です。

うかつに専門家の助言を鵜呑みにすると、間違えていない人を「お前がミスしたのが悪い」と責めるだけのミス対策を施すはめになりかねません。

〈参考文献〉


アリストテレス、(訳：戸塚七郎)、『アリストテレス全集11巻　問題集』、岩波書店、一九八八年。

フロイト、(訳：縣田克躬)、『精神分析学入門Ｉ』、中公クラシックス、二〇〇一年。

ゲーリー・ベルスキー、トマス・ギロヴィッチ、(訳：鬼澤忍)、『賢いはずのあなたが、なぜお金で失敗するのか』、日本経済新聞社、二〇〇〇年。

ヤスパース、(訳：西丸四方)、『精神病理学原論』、みすず書房、一九七一年。

大橋昭一、竹林浩志、『ホーソン実験の研究――人間尊重的経営の源流を探る』、同文舘出版、二〇〇八年。

ケビン・フライバーグ、ジャッキー・フライバーグ、(訳：小幡照雄)、『破天荒！　サウスウエスト航空――驚愕の経営』、日経ＢＰ社、一九九七年。
Ｔ．ギルブ、Ｇ．Ｍ．ワインバーグ、(訳：木村泉、米澤明憲)、『計算機入力の人間学――打鍵入力信頼性技法』、共立出版、一九八六年。

〈参考文献〉

G．M．ワインバーグ、（訳：木村泉）、『コンサルタントの秘密――技術アドバイスの人間学』、共立出版、一九九〇年。

Wil van der Aalst, Kee van Hees, Workflow Managent, MIT Press, 二〇〇二年。

古賀良男、『安全担当の実践学――現物現場からの提言』、中央労働災害防止協会、二〇〇〇年。

西沢隆二、『ＩＳＯマネジメントシステムの崩壊は、何故起きたか』、近代文藝社、二〇〇九年。

筒井紘一、『利休百話』、淡交社、一九九九年。

P．F．ドラッカー、（訳：上田惇生）、『ネクスト・ソサエティ』、ダイヤモンド社、二〇〇二年。

OECD, Cutting Red Tape - National Strategies for Administrative Simplification, OECD, 二〇〇六年。

以上

中田亨（なかたとおる）

1972年神奈川県生まれ。東京大学大学院工学系研究科修了。博士（工学）。現在、国立研究開発法人 産業技術総合研究所 人工知能研究センター NEC-産総研人工知能連携研究室 副連携室長。中央大学大学院理工学研究科客員教授。人間のミスと安全に関する研究を様々な業種との共同研究において現場主義で進めている。内閣府 消費者安全調査委員会 専門委員。著書に『「マニュアル」をナメるな！』（光文社新書）、『防げ！現場のヒューマンエラー』『ヒューマンエラーを防ぐ知恵』（ともに朝日文庫）、『理系のための「即効！」卒業論文術』（講談社ブルーバックス）、『情報漏洩 9割はあなたのうっかりミス』（日本経済新聞出版社）などがある。

「事務《じむ》ミス」をナメるな！

2011年1月20日初版1刷発行
2019年9月20日　12刷発行

著　者 ― 中田亨

発行者 ― 田邉浩司

装　幀 ― アラン・チャン

印刷所 ― 堀内印刷

製本所 ― ナショナル製本

発行所 ― 株式会社光文社
東京都文京区音羽1-16-6（〒112-8011）
https://www.kobunsha.com/

電　話 ― 編集部03(5395)8289 書籍販売部03(5395)8116
業務部03(5395)8125

メール ― sinsyo@kobunsha.com

 ISBN 978-4-334-03602-7

488
観光アート
山口裕美

今日、現代アートを見るための、これまでにないまったく新しい観光客の動きが日本各地で起き始めている——。「一度は訪ねてみたい美術館100」ガイド付きのお得で役に立つ一冊。

978-4-334-03591-4

489
経済古典は役に立つ
竹中平蔵

『国富論』も『資本論』もそうだったのか！　狭義の学問としてではなく、スミス、ケインズらの問題解決力に焦点を当てる。政策を知る著者ならではの、いま役に立つ読み方。

978-4-334-03592-1

490
節税が分かれば、会社は簡単に潰れない
出口秀樹

「飲食代は1人5千円以内で」「二次会は事前にセッティングしておく」「備品は1つ10万円を超えないように」——日々の小さな節税の積み重ねこそが、組織の体力を強くする！

978-4-334-03593-8

491
三島由紀夫　幻の遺作を読む
もう一つの『豊饒の海』
井上隆史

三島のライフワーク『豊饒の海』。完成作とは大きく異なる最終巻のプランから、何が見えてくるのか——。唯識思想を中心に、自死の意味と戦後日本の時空間を再考する意欲作。

978-4-334-03594-5

492
算数の難問を解く技術
歌丸優一

誰もがかつて悩まされた算数の難問に、いまこそリベンジする快感を味わえる！　有名中学の入試問題を中心に22題を厳選、懇切丁寧な解説付き。わが子の受験対策にも最適。

978-4-334-03595-2

498
日本の鉄道
乗り換え・乗り継ぎの達人
所澤秀樹
鉄道の「乗り換え・乗り継ぎ」にこだわり、その歴史から名所的乗り換え駅、乗車券やICカードの使い方などの実践的知識まで学べる鉄ちゃん垂涎、初心者にもおトクな一冊!!
978-4-334-03601-0

499
「事務ミス」をナメるな!
中田亨
「クリック一つで大損失」の時代――事務作業者にはこれまでになく高い信頼性が求められている。新しい視点から「事務ミス」を分析し直し、「ミスに強い組織」を作る具体策を提示する。
978-4-334-03602-7

500
江と戦国と大河
日本史を「外」から問い直す
小島毅
伯父は信長、義兄は秀吉、義父は家康、夫は秀忠、息子は家光、娘は天皇の母…。江の生きた時代を史実と大河ドラマから掘り下げる、NHK『江～姫たちの戦国』がより面白くなる一冊。
978-4-334-03603-4

501
指揮者の仕事術
伊東乾
弦が切れる、打楽器が床に落ちる、歌手が歌を間違える…。オーケストラやオペラの現場はトラブルだらけ。現役指揮者が語る危機管理とリーダーシップの極意とは?
978-4-334-03604-1

502
サービスはホテルに学べ
富田昭次
あらゆるサービス業の頂点といえるホテルの現場。お客の快適さを追求する驚きの工夫を第一線のホテルマンに取材。仕事をするすべての現代人に役立つ「サービスの極意」を探る。
978-4-334-03605-8